29 mars 1842

Catalogue

D'UNE BELLE COLLECTION

DE TABLEAUX

ET DESSINS ORIGINAUX

DES GRANDS MAITRES DES ÉCOLES ITALIENNE, ALLEMANDE, FLAMANDE, HOLLANDAISE ET FRANÇAISE,

OBJETS DE CURIOSITÉ ET BRONZES ANTIQUES,

Composant le cabinet de M. N. Ravil

QUI SERONT VENDUS,

**HOTEL DE VENTES MOBILIÈRES,
RUE DES JEUNEURS, N° 10,**

SALLE N. 2,

Les Mardi 29, Mercredi 30, Jeudi 31 Mars, Vendredi 1er et Samedi 2 Avril 1842, à une heure après midi,

Par le ministère de M° BONNEFONS DE LAVIALLE, Commissaire-Priseur, rue de Choiseul, 11;
Assisté de MM. ROUSSEL et DEFER, Experts.

EXPOSITION PUBLIQUE

Les Samedi 26, Dimanche 27 et Lundi 28 Mars, de midi à cinq heures.

Une feuille de vacation sera délivré peu de jours avant la vente.

SE DISTRIBUE A PARIS, CHEZ

MM. ROUSSEL, rue Saint-Benoît, 9;
DEFER, quai Voltaire, 19.

A L'ÉTRANGER

COLNAGHI, Pall-Mall-East, à Londres;
GRAVES,   idem;
ARTARIA et FONTAINE, à Manheim;
GRUPTER, à Amsterdam;
BUFFA,   idem.

1842

CONDITION DE LA VENTE.

Les acquéreurs paieront cinq pour cent en sus des adjudications, applicables aux frais.

AVANT-PROPOS.

Pour satisfaire à l'usage établi de placer un avertissement ou avant-propos en tête d'un catalogue, nous dirons en peu de mots, que la collection que nous annonçons a été formée depuis plus de trente ans, que la réputation en est établie autant sur l'excellence des morceaux qui la composent, que sur le goût et les connaissances de l'amateur qui en a fait le choix. Cette réputation sera justifiée à la vue des tableaux, dessins et curiosités énoncés dans ce catalogue, dont nous donnons le sommaire suivant.

TABLEAUX.

Un paysage par *Hobbema*, l'une des plus belle productions de ce maître, une esquisse de *Rubens*, paysage par *A. Van den Velde*, Galilée par *M. Paul Delaroche*.

DESSINS.

Écoles Italiennes.

Ecole Florentine : Massaccio, Léonard de Vinci, Michel-Ange, André del Sarto, Baccio Bandinelli, Perin del Vaga, Salviati, Pomérance, etc.

Ecole Romaine : Pérugin, Raphaël, Jules Romain, Polydore, Baroche, Thadéo et Frédéric Zuccharo, Romanelli, etc.

Ecole de Sienne : Beccafumi, Vanni.

Ecole de Parme : Corrège, Parmesan, Orci de Novellare.

École de Bologne : Primatice; Louis, Augustin et Annibal Carrache; le Guide, Albane, Dominiquin, Guerchin, etc.

École Vénitienne : Jean Belin, Titien, Pordenon, Sébastien del Piombo, Paul Véronèse, Liggozzi, etc.

École Génoise : Biscaïno.

Écoles Napolitaine et Espagnole : Ribera, Murillo, G. Van Vitel.

ÉCOLE ALLEMANDE.

Albert Durer, Holbein, Beham, Roos, Dietricy, Kobell et J. G. Wille.

ÉCOLE FLAMANDE.

Rubens, Van Dyck, Champaigne, Teniers, Romeyn, etc.

ÉCOLE HOLLANDAISE.

Lucas de Leyde, Cuyp, Rembrandt, Livens, F. Bol, Terburg, Nestcher, Saftleven, Adrien et Isaac Van Ostade, G. Van den Velde, C. Visscher, Béga, Suanevelt, Van Eckhout, Everdingen, Van der Does, N. Berghem, Potter, Backuysen, Dujardin, F. Mieris, Ruisdaël, Steen, A. Van Develde, Th. Van Bergen, Huglembourg, Hobbema, Doomer, Dusart, Van Huysum, etc.

ÉCOLE FRANÇAISE.

N. Poussin, Claude Lorrain, Nanteuil, J. Parrocel, Boissieu, Lantara, David, C. Vernet, Girodet, Prud'hon, Géricault et M. Charlet.

OBJETS DE CURIOSITÉS ET ANTIQUITÉS.

Parmi les antiquités, nous citerons principalement la suite des bronzes où chaque pièce se fait remarquer par la pureté du style et la belle conservation, une statue de Sophocle si recommandable que les connaisseurs l'ont placée au premier rang parmi les plus beaux monuments connus de ce genre; une ciste du plus haut intérêt pour l'archéologie, tant sous le rapport de l'art que des sujets qui la décorent : elle a été publiée par un de nos plus savants antiquaires. On devra remarquer aussi un monument égyptien en pierre calcaire, qui, indépendamment de la beauté de la sculpture et de sa parfaite conservation, a le mérite d'être encore unique jusqu'à ce jour.

CATALOGUE
DE TABLEAUX,
DESSINS ORIGINAUX,
Bronzes antiques et Objets de Curiosité.

PREMIÈRE VACATION. — *Mardi, 29 mars 1842.*

ANTIQUITÉS ET CURIOSITÉS.

1 — Deux fragments : l'un représente, en relief, un sujet érotique, et provient d'une lampe en terre cuite ; l'autre offre une tête, dessinée en or, placée entre deux verres.

2 — Le sceau d'un roi de Syrie, en bronze.

3 — Bronze antique. Belle hache, couverte d'une très belle patine.

4 — Id. Poids de forme carrée, et garni d'une bélière ; sur sa face principale est figuré un hippocampe, accompagné des lettres suivantes : ΗΙΕΝΟ. La première de ces lettres est probablement numérale, et doit exprimer le nombre huit ; le mot qui la suit est sans doute le nom d'un magistrat *agoranome*. — Apporté de Lampsaki, village turc, bâti sur les ruines de l'ancienne Lampsaque.

84 — 5 — Intaille sur améthyste, représentant Faustine, la femme de Marc-Aurèle; très beau travail, monté en bague.

66 — 6 — Intaille sur améthyste, représentant Crispine, femme de Commode; le nom de Poluxénès est gravé en caractère grec.

41 — 7 — Sardonyx à trois couches, monté en bague d'or, représentant un poisson.

202 — 8 — Intaille sur saphir, d'un beau bleu, représentant Esculape debout; la monture en or est antique.

60 — 9 — Boîte de montre niellée, du XVIe siècle, offrant, d'un côté, le portrait de Raphaël et de l'autre celui de la Fornarina.

84 — 10 — Très beau nielle, représentant une offrande à Priape. Charmante composition d'un grand nombre de figures.

147 — 11 — Autre nielle, représentant un des travaux d'Hercule.

62 — 12 — Peinture à fresque sur pierre calcaire, représentant une des Parques.

Cette pièce provient des fouilles à Herculanum, et appartenait à l'Impératrice Joséphine.

90 — 13 — Joli médaillon en filigrane d'argent doré, orné de deux nielles représentant, l'un, la Vierge et l'enfant Jésus; l'autre, saint Jean.

14 — 14 — Très petit médaillon niellé, représentant saint Jean et une tête d'agneau.

55 — 15 — Marc-Aurèle jeune, buste antique en marbre blanc.

199 — 16 — Vase en cristal de roche, d'une très belle forme, avec piédouche en même matière; il est enrichi

d'arabesques gravées en creux du meilleur goût, et monté en argent doré.

Haut. 15 cent.

17 — Très belle miniature, par Petitot, représentant mademoiselle de Blois, princesse de Conti, fille de la duchesse de Lavallière.

18 — Un médaillon en or émaillé, représentant Orphée charmant les animaux ; travail du XVIe siècle, attribué à Benvenuto Cellini.

19 — Tête antique de Vénus en marbre pentélique, sur piédouche en bleu turquin.

20 — Un bas-relief en bois, travail du XVIe siècle, représentant le Triomphe de Galatée, d'après la fresque de Raphaël.

Cet objet mérite l'attention des amateurs.

21 — Bronze antique. Sphinx d'une belle conservation et couvert d'une très belle patine.

Haut. 12 cent.

22 — Idem. Tubicine vêtu d'une tunique courte ; on distingue très bien la bande de cuir qui sert à contenir les joues.

Haut. 9 cent.

23 — Idem. Ane ityphallique debout dans l'action de braire ; son dos est chargé de deux paniers qui s'enlèvent à volonté, mais qui lui ont toujours appartenu.

24 — Idem. Minerve debout, casquée et drapée ; elle a les jambes croisées et porte l'égide sur la poitrine.

Haut. 14 cent.

25 — Un triptique dont l'intérieur est orné d'empreintes de nielle sur souffre teinté ; celui du milieu représente la Vierge et l'enfant Jésus, les deux autres des chérubins, l'extérieur est orné de cinq médaillons du même genre.

Le monument est des plus curieux.

26 — Bronze antique. Figurine étrusque, provenant probablement d'un candélabre, représentant Vénus entièrement nue et chaussée de sandales.

Cette figurine, remarquable par la délicatesse du travail et la beauté des formes, est placée sur un trépied antique qui appartient au monument.

Haut. 20 cent.

27 — Idem. Sirène, bronze étrusque, d'un travail très ancien. Décrite par M. de Witte.

Haut. 10 cent., larg. 10 cent.

28 — Idem. Victoire ailée : elle tient une draperie suspendue derrière elle. Bronze d'applique d'une parfaite conservation.

Haut. 22 cent.

29 — Très belle coupe et sa soucoupe en agate héliotrope d'une très belle qualité de matière et d'un beau travail.

Ces deux pièces proviennent de la vente de la Malmaison.

30 — Cachet à pompe en or, ayant appartenu au célèbre Mirabeau : il porte ses armes et son chiffre.

31 — Paix du XVIe siècle en cuivre doré ; elle est ornée de deux nielles dont l'un représente l'Ecce homo ; l'autre, formant le fronton, représente le Père éternel entouré d'anges.

32 — Une autre paix représentant la Vierge sur un trône, entourée de plusieurs personnages.

33 — Bronze antique. Figurine étrusque, représentant un soldat coiffé d'un casque et portant un carquois sous son bras gauche ; la main droite semble tenir une flèche.

Cette figure est curieuse par les détails de son costume.

Haut. 11 cent.

34 — Idem. Jambe votive d'enfant.

Elle est d'un modelé remarquable : on peut s'assurer qu'elle n'a jamais appartenue à une statue, en ce que la patine, d'une parfaite conservation, est également belle sur la partie qu'on pourrait supposer coupée.

Haut. 20 cent. 1/2.

35 — Bronze antique. Drusus, fils de Tibère, entièrement nu.

Petite statue d'une ressemblance parfaite avec les médailles ; la patine est fort belle et d'une conservation admirable. Le bras droit manque.

Haut. 30 cent.

36 — Idem. Harpocrate debout entièrement nu ; il est coiffé du lotus et tient de la main gauche une corne d'abondance.

Haut. 9 cent.

37 — Idem. Silène barbu, debout ; il porte sur le dos une peau de panthère qui se rattache sur l'épaule droite, et qu'il relève de la main gauche pour soutenir des fruits.

Cette figure, d'une grande beauté et d'une belle conservation, est entièrement couverte d'une belle patine.

Haut. 14 cent.

38 — Idem. Mercure assis ; sa main droite tient une longue bourse ; sa chlamyde, attachée sur l'épaule droite par un nœud, couvre sa poitrine et retombe sur le bras gauche ; la tête portant deux petites ailes est ceinte d'une couronne de laurier, les yeux sont en argent ; les traits de la physionomie semblent indiquer un portrait plutôt que l'idéal d'un Dieu.

Ce beau bronze, couvert d'une patine très égale, a été trouvé en Suisse, et provient du cabinet de M. Denon.

Haut. 22 cent.

39 — Idem. Une jeune femme assise, inclinant à gauche la tête et le haut du corps, croisant l'une des cuisses sur l'autre, appuyant une main sur son siège, et dirigeant l'autre main vers son sein.

Cette jolie figure dont le mouvement est plein de grâce

et d'abandon, porte une chevelure ondulée et réunie en touffe sur le sommet de la tête, son vêtement consiste en une stola, dont la seule attache visible est formée par une fleur en argent et qui est recouverte en partie par un peplum qui enveloppe également l'un des bras; ses pieds sont contenus dans une chaussure qui les couvre à moitié et dont la forme se trouve rarement offerte par les monuments antiques.

La sella, sur laquelle cette femme repose, est garnie d'un petit dossier et de bras à jours; ses pieds figurent assez bien des cornes d'abondance, unies et croisées deux par deux. Cet accessoire, qui a été travaillé séparément, a toujours appartenu à cette figure, avec laquelle il a été trouvé.

Ce bronze, dont les yeux sont incrustés en argent, a été découvert à Mâcon (Matisco), département de Saône-et-Loire, et provient du cabinet de M. Denon, au catalogue duquel nous empruntons la description.

Haut. 17 cent.

40 — Bronze antique. Groupe de deux lutteurs ; figures grecques d'ancien style, provenant probablement d'un couvercle de vase.

Ces deux figures, d'un caractère admirable et d'une parfaite conservation, sont aussi remarquables par la fonte, qui est d'un seul jet.

Haut. 11 cent.

41 — Idem. Candélabre posant sur trois griffes de lion au dessus desquelles sont placées deux têtes de taureau et une de bélier; la tige est supportée par une charmante figure d'athlète tenant un haltère et levant la main droite ouverte; la tige en spirale et couronnée par un plateau d'où pendent quatre chaînettes terminées par une espèce de gland; quatre coqs sont placés autour du plateau.

Haut. totale 41 cent., haut. de la figure 18 cent.

42 — Bronze antique. Cicéron debout et drapé ; il tient dans la main droite un rouleau en argent ; sa pose est celle d'un orateur.

Cette figurine très expressive est couverte d'une belle patine rougeâtre, et ne laisse rien à désirer pour le fini de l'exécution et la conservation.

Haut. 8 cent.

43 — Idem. Charmante petite figurine ailée, représentant le génie de la comédie, sur socle en bois pétrifié garni en cuivre doré.

Haut. 7 cent. 1/2.

44 — Idem. Mars debout et casqué : le bras droit est tendu en avant, et la main gauche, dont deux doigts sont repliés, est appuyée sur la hanche.

Cette figure, d'une belle conservation et couverte d'une patine unie, a les yeux incrustés en argent.

Haut. 16 cent.

45 — Idem. Apolline debout, entièrement nue, le carquois sur l'épaule ; la tête est laurée.

Haut. 11 cent. 1/2.

46 — Idem. Grand candélabre à tige cannelée, supportée par trois griffes de lion alternées par des feuilles de lierre ; il est surmonté d'une lampe dont la branche recourbée est terminée par un masque scénique.

Ce beau candélabre a été trouvé dans les ruines de Pompéi et a appartenu à la princesse Murat.

Haut. du candélabre, 1 m. 36 cent.
Haut. de la lampe, 18 cent.

47 — Idem. Autre candélabre à tige unie, supportée par trois griffes de lion alternées par des feuilles de lierre ; il est surmonté d'une lampe à tête de cygne, et provient de la Malmaison.

Haut. du candélabre, 1 m. 35 cent.
Haut. de la lampe, 14 cent.

14

250 Rollinet — 48 — Bronze antique. La Diane chasseresse, drapée dans l'attitude de tirer une flèche de son carquois.

Cette charmante figure est pleine de grâce et de mouvement; la patine qui la couvre est d'une belle conservation.

702 / *702 Rollin* — 49 — Idem. Deux éphèbes vêtus de tuniques courtes, emportant un blessé qui est entièrement nu.

Ce groupe a servi de couronnement à une ciste et provient de la collection du prince de Canino.

Haut. 11 cent. 1/2.

450 monfort — 50 — Idem. Camille debout couronné de laurier; il est drapé et sa chaussure est rehaussée d'ornements en argent.

Ce bronze, qui peut être considéré comme un des plus beaux connus dans ce genre, provient de la collection de M. Grivaud.

Haut. 10 cent.

303 / *303 Rondel* — 51 — Marbre antique. Un athlète prêt à entrer en lice, tient le strigile à la main. *Mr hope*

Ce sujet décore le devant d'une stèle en marbre de Paros, surmontée d'un fronton.

Haut. 63 cent.

250 f. Pourtalès — 52 — Idem. Fragment d'une statue de Bacchus, offrant seulement la jambe et une portion de bras enveloppé d'une peau de panthère.

Ce beau fragment est en marbre de Paros.

Haut. 90 cent.

440 Mr Brunet Denon — 53 — Bronze antique. Un castra, espèce de pygmée; il semble déplorer sa position.

Figurine très expressive et d'un modelé remarquable; les yeux sont incrustés en argent et la patine est très fine.

Haut. 7 cent.

808 Mr hope — 54 — Pierre calcaire d'un grain très fin: petit monument de famille, légèrement cintré dans sa partie supérieure; il représente cinq personnages debout et presque de ronde bosse, symétriquement rangés l'un à côté de l'autre; sur la base est scellée une pierre à sacrifice en albâtre entourée de caractères hiéroglyphiques; les faces extérieures sont aussi couvertes d'une légende gravée en creux et remplie d'une pâte bleue.

Ce monument égyptien encore unique et d'une parfaite conservation, a été découvert le 8 décembre 1820 à Abydos (Haute-Égypte), par M. Taédenat Duvent fils.

Haut. 20 cent., larg. 19 cent. Longueur de la base 22 cent.

55 — Bronze antique. Une ciste mystique; sur le couvercle sont représentées, gravées au trait, les Néréides portant les armes d'Achille, et au pourtour Achille immolant les prisonniers troyens aux mânes de Patrocle; Minerve assiste en apparition à ce sacrifice.

Ce monument, le plus curieux qu'on connaisse de ce genre, est surmonté d'un groupe de deux figures très fines, qui lui ont toujours appartenu. Il est décrit par M. Raoul Rochette, dans les monuments inédits, où on en pourra voir la description. On l'a découvert à Palestrine.

Haut. 36 cent., diamètre 22 cent.

56 — Idem. Miroir gravé au trait : Ajax armé d'un glaive, le dirige sur Cassandre qu'il a saisie par les cheveux; la fille de Priam, entièrement nue, est tombée aux pieds de la statue de Minerve qu'elle tient embrassée, un génie ailé retient le bras du héros et cherche à l'arrêter.

Trouvé à Palestrine avec la ciste décrite plus haut.

57 — Idem. Statuette de Sophocle, les yeux incrustés en argent.

Le poète est représenté assis tenant un rouleau dans la main droite et de la gauche indiquant le manuscrit. On peut supposer que l'artiste grec qui a reproduit les traits de ce grand tragique, l'a représenté au moment où, accusé par ses enfants d'avoir perdu la raison, il lève les yeux vers ses juges, et semble leur dire par son attitude calme et résignée : Voilà mon dernier ouvrage ; jugez-moi !

On peut considérer cette petite statue comme un des plus beaux monuments connus de ce genre ; l'expression en est admirable, la patine superbe et la conservation parfaite.

Haut. 27 cent.

68 — Une table en bois de fer, dont les pieds figurent des tiges de bambou ; le dessus est en acajou plein avec galerie à jours en cuivre.

TABLEAUX ET DESSINS.

TABLEAUX
ANCIENS ET MODERNES.

Les six Tableaux qui suivent seront vendus dans la Vacation du Jeudi 31 Mars, à trois heures après midi.

ANDREAS RICO DE CANDIE, *peintre grec mort vers l'an 1105.*

1 — *La Vierge, vue à mi-corps, tenant l'enfant Jésus de son bras gauche et étendant vers lui l'autre main. 72 f.

    Haut. 18 cent. larg. 15 cent. Peint en détrempe sur bois.

DELAROCHE (M. Paul), *né à Paris en 1797.*

2 — *Galilée: il est éclairé par les rayons du soleil, qui se font jour au travers de rideaux placés devant une croisée à droite, et il est assis, tourné vers la gauche, la tête appuyée dans sa main droite, et de la gauche tenant un compas qu'il pose sur le papier placé sur la table sur laquelle il s'appuie; sur son genoux un livre ouvert et à terre, à gauche plusieurs autres de divers format, sur le plus grand desquels on lit, *P. Delaroche, 1832*; sur la table et placés devant lui un télescope, une sphère et un livre ouvert sur un pupitre. 1600

    Haut. 17 cent., larg. 14 cent. Bois.

DEMARNE (Jean-Louis), *né à Bruxelles en 1744, mort à Paris en 1829.*

3 — *Sur une plage battue par les vagues, un chien 180

---

* Les astérisques placés après les numéros, indique les tableaux et dessins qui seront vendus encadrés.

caniche pleure son maître, dont le chapeau qui se voit près de là annonce le naufrage; dans le fond à gauche un rocher au dessus duquel se voient des nuages amoncelés d'où sillonnent des éclairs indiquant l'orage qui vient d'avoir lieu et où a péri le maître de ce chien fidèle.

Larg. 47 cent., haut. 30 cent. Peint sur bois.

HOBBÉMA (Minderhout), *né à Anvers, vivait en 1662.*
On le croit élève de Ruisdaël. Il est à regretter qu'aucun biographe n'ait parlé d'un si habile artiste

[margin: 18000 retiré de la vente]

4 — *Vue intérieur d'un bois : vers la gauche un beau massif d'arbres derrière lequel part la lumière qui éclaire d'une manière brillante la droite du tableau, et en avant duquel est un chemin conduisant à un fourré où se repose un paysan assis et causant avec un autre qui est debout devant lui; à droite, une mare où plonge des roseaux et où reflètent des arbres qui bordent un sentier que l'on aperçoit au-delà, se dirigeant vers la droite, et où marche un paysan; un autre sentier se dirige vers le fond du bois à gauche et au bord duquel est un homme et une femme; entre ces deux sentiers et deux massifs d'arbres s'aperçoit une chaumière, sur la porte de laquelle est une femme; au bas vers la gauche on lit, *M. Hobbéma.*

Ce tableau, de la plus belle qualité, riche de détail, d'une couleur vraie, brillante et tout à la fois harmonieuse, est d'une parfaite conservation; c'est un des plus beaux échantillons du talent de ce maître, dont les productions sont si rares.

Larg. 83 cent., haut. 59 cent. Peint sur bois.

RUBENS (Pierre Paul), *né à Cologne en 1577, mort à Anvers en 1640.*

[margin: 3620 henndet gres de Paillet]

5 — *Sainte Famille : la Vierge assise tenant l'enfant

Jésus couché et endormi sur ses genoux, la tête sur son sein; à gauche, sainte Anne debout, le pied droit sur un tabouret et tenant saint Jean sur son genou, qui regarde dormir Jésus ; à droite, saint Joseph, appuyé sur une colonne, regarde cette scène. Gracieuse composition et première pensée du tableau qu'a gravé Withouck et dont elle diffère.

Haut. 36 cent., larg. 31 cent. Peint sur bois.

VELDE (Adrien Van den), né à Amsterdam en 1639, mort en 1672.

6 — *Vue de la lisière d'un bois qui s'étend sur toute la largeur du second plan, en avant des landes où pâturent, vers la gauche, des vaches, des chevaux, et un troupeau de mouton que suit un jeune berger tournant la tête vers une femme et un enfant qui marchent à sa droite; au premier plan, sur un sentier, une charrette attelée d'un cheval blanc, conduite par un paysan assis sur le brancard, et dans laquelle est une femme tenant un enfant. Au milieu du bas on lit, *A. V. Velde*, 1665.

Larg. 38 cent., haut. 28 cent. Peint sur bois.

DESSINS DES ÉCOLES ITALIENNE, ALLEMANDE, FLAMANDE, HOLLANDAISE ET FRANÇAISE.(1)

ABATE ou DELL'ABATE (Niccolo), peintre, né à Modène vers l'an 1509, mort à Fontainebleau en 1571.

7 — *Jupiter et Junon : le dieu, debout à gauche, son aigle à ses pieds, et tenant de la main droite sa foudre, à la main gauche appuyée sur l'épaule de Junon, qui est

---

Nota. Une feuille de vacation pour les dessins sera délivrée peu de jours avant la vente.

assise à droite sur des nuages. Dessin à la plume, lavé au bistre et rehaussé de blanc sur papier teinté.

Haut. 83 cent., larg. 26 cent.

ALBANE (Francesco Albani), peintre, *né à Bologne en 1578, mort dans la même ville en 1660.*

8 — *Saint Joseph tenant sous son bras gauche les outils de sa profession de menuisier, et donnant la main droite à l'enfant Jésus; ils se dirigent tous deux vers la gauche. Dessin à la plume et lavé au bistre.

Haut. 11 cent., larg. 13 cent.

ANDRÉ DEL SARTE (Andrea Vannucchi dit), *peintre, né à Florence en 1488, mort en 1530.*

9 — *Apparition de l'ange Gabriel à Zacharie. Dessin terminé, lavé au bistre et rehaussé de blanc, d'une des compositions exécutées à fresque par André del Sarte dans le cloître dit *del Chiostro della campagia dello Scalzo,* à Florence.

Larg. 40 cent., haut. 34 cent.

10 — *Etude de figure en pied d'un jeune homme vu de profil dirigé vers la gauche; il soulève de la main droite une draperie, et semble marquer son étonnement par le geste de sa main gauche. Dessin à la sanguine. Des *collections Crozat, Tersan et marquis de Lagoy.*

Haut. 39 cent., larg. 24 cent.

BACKHUYSEN (Louis ou Ludolph), *né à Embden en 1631, mort à Amsterdam en 1709.*

11 — Paysage : une rivière venant du fond, à gauche, occupe le premier plan à droite; à sa gauche un tertre garni d'arbres et quelques figures; à droite des peu-

pliers, en avant d'un rocher sur lequel se voit un ancien château ; au milieu, dans le fond, une ville derrière laquelle s'aperçoivent des montagnes. Dessin à la plume, au bistre. *Collection Lagoy.*

Larg. 15 cent., haut. 10 cent.

12 — Le Coup de vent : plusieurs bricks en rade sont balancés par les vents ; au premier plan, à gauche, un yacht servi par des marins qui mettent leur voile au vent ; en avant, en travers, une chaloupe montée par deux hommes ; à droite, sur le bout d'une plage, un homme avec un croc. Dessin lavé à l'encre de Chine.

Larg. 27 cent. 5 mill., haut 15 cent. 5 mill.

13 — Flotte à la voile, venant de la gauche et se dirigeant à droite ; dans le fond, du même côté, l'entrée d'un port ; à gauche, au premier plan, une chaloupe montée de trois hommes et se dirigeant à droite ; sur le pavillon qui est à la proue du principal vaisseau, le chiffre du maître, L. B. Beau et capital dessin, lavé au bistre.

Larg. 27 cent., haut. 15 cent.

14 — * Vue d'une ville maritime de la Hollande : à gauche, une jetée où se voit une pièce de canon près de laquelle sont plusieurs figures. Au milieu du bas on lit, *Backuis.* Dessin précieusement lavé à l'encre de Chine. De la *Collection Neyman.*

Larg. 18 cent. 9 mill., haut. 10 cent. 2 mill.

BANDINELLI (Baccio), *peintre, architecte et sculpteur, né à Florence en 1487, mort dans la même ville en 1559.*

15 — La Mort d'Abel : Dieu le père, porté sur une gloire d'ange, reproche à Caïn le meurtre de son frère

Abel, dont on voit le corps mort étendu à gauche, à l'entrée d'un bois. Dessin à la plume et au bistre d'une grande énergie.

Haut. 40 cent., larg. 27 cent.

16 — L'Entrée dans l'arche sainte : les deux fils de Noé, suivis de leur père, font entrer dans l'arche différens animaux. A droite, au dessus d'eux, leur mère et leur femme, et un ange à gauche, dans le ciel. Dessin à la plume et au bistre, largement traité, et de la plus belle manière du maître. *Collection Denon.*

Haut. 41 cent., larg. 29 cent.

17 — * Le Ravissement : deux hommes nus enlèvent une femme, qu'une autre, placée à gauche, cherche à retenir. Dessin énergiquement tracé à la plume et lavé au bistre, digne de Michel-Ange. *Des collections Zoomers, Richardson et Raymond.*

Haut. 31 cent. 6 mill., larg. 27 cent.

18 — Études de figures : à droite, un homme assis, la jambe droite croisée sur sa cuisse gauche, sur laquelle est appuyé un jeune enfant debout près de lui; il semble parler à une femme assise à gauche, un enfant entre ses jambes. Dessin à la plume et au bistre. *Collection Lagoy.*

Haut. 24 cent., larg. 24 cent.

19 — * Deux études de femmes : une, vers la droite, tient un enfant dans ses bras; l'autre se dirige vers la gauche. Dessin à la plume et au bistre.

Haut. 24 cent. 5 mill., larg. 14 cent.

BRAUWER (Adrien), *né à Harlem en 1608, mort à Anvers vers 1640.*

20 — * Dans l'intérieur d'une chaumière, trois

paysans regardent en riant des enfants qui se battent et dont un est roulé à terre, sa chemise retroussée ; à gauche, un paysan, vu par le dos, est baissé près d'une cheminée. Dessin à la plume et au bistre, chaudement colorié.

Larg. 28 cent., haut. 19 cent.

BAROCHE (Frederico Barocci, dit), *né à Urbin, en 1528, mort en 1612, dans la même ville.*

21 — Dieu dans sa gloire, entouré de six anges ; il leur ordonne d'aller proclamer ses louanges ; un septième, à genoux au bas de la droite, tient un encensoir. Dessin à la plume, lavé au bistre. *De la collection Goole.*

Haut. 40 cent., larg. 29 cent.

BECCAFUMI (Domenico Mecherino, dit), *né en 1484, vivait encore en 1551.*

22 — Moïse représenté debout dans une niche, tenant le livre de la loi sous son bras gauche, et faisant un geste de la main droite vers le spectateur. Dessin lavé au bistre et rehaussé de blanc.

Haut. 41 cent. 5 mill., larg. 18 cent.

BEGA (Corneille ou Cornille), *né à Harlem, mort dans la même ville en 1664.*

23 — Les joueurs de trictrac ; près d'eux une jeune fille debout tient le cornet qui contient le dé qui va décider de leur sort ; un troisième paysan à droite prend part à l'action. Dessin colorié vigoureusement à l'aquarelle et à la gouache, qui rappelle les plus beaux tableaux de Béga.

Haut. 29 cent., larg. 23 cent.

BEHAM (Hans Sebald), *né à Nuremberg, en 1500, vivait encore en 1548.*

24. — Lucrèce se donnant la mort en présence de Tarquin; elle est debout, placée vers la gauche, tenant de la main droite un poignard dont elle va se percer le sein, et la gauche appuyée sur un lit à rideau qui se voit derrière elle; au coin du haut à gauche le chiffre du maître.

Haut. 41 cent. 7 mill., larg. 10 cent.

BERGHEM ou BERCHEM (Nicolas Klaas, dit), *né à Harlem, en 1624, mort dans la même ville en 1683.*

1,620

25 — Le passage du bac: déjà ont passé une partie d'un troupeau considérable et divers passagers que l'on voient à gauche se dirigeant sur un chemin au premier plan qui s'étend à droite au bord de la rivière où est le bac qui contient le restant du troupeau, un berger et deux femmes, montés l'une sur un cheval, l'autre sur un âne; sur la berge où va aborder le bac, trois beaux arbres à l'ombre desquels sont un troupeau de vaches et des bergers dont un joue de la musette; dans l'éloignement, un riche paysage borné par des montagnes, complètent cette intéressante composition. On lit à droite, *Berchem, fecit.* Superbe dessin à la plume, lavé au bistre avec le plus grand soin, et d'une telle vigueur de ton, et d'une telle fraîcheur, que l'on peut le regarder comme un des plus beaux connus.

Larg. 38 cent., haut. 29 cent.

490 —

26 — Étude de moutons d'après nature: trois couchés, un debout à gauche se dirigeant vers la droite, et deux, seulement tracés dans le haut, l'un à droite de-

bout, l'autre à gauche couché. Dessin à plusieurs crayon, d'une grande vérité. Il vient des *collections de Julienne, Mariette et Daudet.*

Larg. 27 cent., haut. 17 cent

27 — Paysage : à droite un monticule en avant duquel est une forte souche d'arbre garnie de mousse et donnant naissance à un arbre dont le tronc monte jusqu'au haut du dessin ; vers la gauche, un berger se repose au bord du chemin, sur lequel est son chien et trois moutons ; ce chemin très éclairé est bordé par des massifs d'arbres qui participe à la même lumière. On lit à droite, *N. Berchem.* Très beau dessin lavé au bistre et de la plus grande fraîcheur. *180*

Larg. 23 cent. 5 mill., haut. 23 cent.

28 — Le joueur de cornemuse parlant à un paysan monté sur un âne, dont les pas sont dirigés vers la droite ; plus loin, un pâtre conduit des moutons ; un bœuf et une vache précèdent les moutons ; dans le fond, des arbres et des montagnes. On lit au bas, vers la gauche, *Berchem, f.* Dessin au crayon noir. Berghem a gravé à l'eau-forte cette même composition; elle est décrite par Bartsch, et connue sous le titre *du diamant.*

Larg. 34 cent., haut. 16 cent. 8 mill.

29 — Un pâtre debout vers la gauche, appuyé sur un bâton ; il regarde à droite où est son troupeau, composé d'une vache, trois moutons et deux chèvres, dans diverses attitudes. On lit au bas, à droite, *Berchem, f.* 1656. Dessin à la plume lavé à l'encre et au bistre ; il est gravé par *Justus Danckerts*, n° 1 d'une suite. *170*

Larg. 18 cent., haut. 14 cent.

30 — Etude de deux cochons couchés la tête vers la *70*

droite, celui du haut au crayon noir, celui du bas lavé au bistre.

Larg. 14 cent., haut. 12 cent.

31 — * Deux ânes, debout au milieu du devant, dont un vu par derrière, près d'un ratelier placé près d'une maison au bout de laquelle s'aperçoit un arbre et des buissons. Dessin à la plume et au bistre; il est gravé par Justus Danckerts, et *provient de la collection de Julienne.*

Larg. 20 cent., haut. 14 cent. 2 mill.

32 — * Le Gué : au milieu du devant, et se dirigeant à droite, une paysanne, un paquet sur la tête, paraît écouter ce que lui dit un jeune garçon, tenant une vache en laisse; ils vont traverser un gué, ainsi que d'autres animaux, un homme à cheval et une femme, portant un enfant sur son dos, qui les suit; ils sont précédés par une chèvre et un chien qui ont déjà les pieds dans l'eau. On lit au coin, *Berghem.* Charmante composition du maître, précieusement lavé à l'encre de Chine.

Larg. 20 cent., haut. 18 cent. 5 mill.

33 — * Les trois dessinateurs : ils sont assis sur une large pierre, à droite de laquelle se voit trois hommes, dont un accompagné de deux chiens; derrière lui, un autre à cheval donne du cor; du côté gauche, un berger chasse devant lui son troupeau, il est précédé d'une femme montée sur un mulet, un enfant dans ses bras. Au coin du bas, à droite, on lit, *Berghem, f. 1653.* Dessin au crayon légèrement lavé à l'encre.

Larg. 19 cent., haut. 14 cent.

BELLIN (Giovanni Bellini ou Jean).

34 — La Vierge assise sur un trône, l'enfant Jésus

debout sur ses genoux, un pied posé sur un coussin et l'autre dans la main gauche de sa mère; à gauche, saint Jean debout tenant de la main gauche une banderole et élevant la droite; à droite, un autre saint, aussi debout, et lisant dans un livre qu'il tient de la main droite. Dessin lavé à l'encre et au bistre et rehaussé de blanc sur papier bleu.

Larg. 24 cent., haut. 20 cent.

BERGEN (Thierry Van), né à Harlem vers 1640.

35 — Une vache traversant un ruisseau, en se dirigeant vers la droite; elle est précédée d'un chien qui aboie après elle de l'autre côté du ruisseau; à gauche une chèvre et un mouton. On lit au bas, à gauche, *D. V. Bergen.*

Une vache se frottant contre un arbre à droite, en avant duquel est une haie, par dessus laquelle on aperçoit un cheval; à gauche, au premier plan, une chèvre debout. A droite on lit, *D. V. Bergen.* Ces deux dessins au crayon, lavés à l'encre de Chine, légèrement mêlés de bistre. *De la collection Paignon-Dijonval et Morel de Vindé* (1).

Larg. 18 cent., haut. 13 cent. 6 mill. chaque.

36 — * La bergère et son troupeau ; elle est assise sur un tertre à gauche, et paraît causer avec une femme assise sur un âne et se dirigeant vers la gauche.

---

(1) Cette collection de dessins et d'estampes, formée par M. Paignon-Dijonval, était une des plus considérables qui existât à Paris chez un particulier ; elle fut vendue à Londres, en 1819, par M. Morel de Vindé, son petit-fils, au prix de 120,000 fr. Le catalogue, rédigé par M. Bénard père, a été imprimé en 1810 en un fort volume in-4° de plus de 600 pages.

Au premier plan, trois vaches, l'une d'elles se dirige vers la droite, et l'autre vers un grand vase et une statue de Priape placés au second plan en avant d'un massif d'arbre; au devant de la gauche, au dessous de trois moutons couchés, on lit, D. V. Bergen, 1690. Dessin lavé à l'encre de Chine, et plusieurs parties légèrement coloriées au bistre.

Larg. 28 cent. 5 mill., haut. 19 cent. 8 mill.

37 — * Le Troupeau : à droite, un berger debout, appuyé sur la croupe d'un ânon, paraît regarder son troupeau composé de deux vaches, deux moutons et une chèvre occupant, dans diverses attitudes, le milieu de la composition. Au bas, à gauche, sur une pierre, on lit, D. V. Bergen. Dessin lavé à l'encre de Chine.

Larg. 18 cent. 4 mill., haut. 12 cent. 8 mill.

BEVENUTO CELLINI, *orfèvre et sculpteur florentin.*

38 — Un miroir entouré d'ornements et de figures des dieux de la fable. Dessin d'orfèvrerie précieusement fait sur vélin, à la plume, lavé au bistre.

Haut. 22 cent., larg. 18 cent.

BISCAINO (Bartolommeo), *né à Gênes en 1632, mort en 1657.*

39 — Repos en Égypte : la Vierge assise, vers la gauche, donne le sein à l'enfant Jésus couché sur ses genoux; à sa gauche, saint Joseph assis, vu de profil; plus loin, deux anges, dont l'un tient un livre; dans le haut, des anges se jouent dans les branches d'un palmier. Dessin à la plume, lavé au bistre.

Haut. 39 cent., larg. 25 cent. 7 mill.

BOISSIEU (Jean-Jacques de), *né à Lyon en 1736, mort dans la même ville en 1810.*

40 — Portrait de M. de Boissieu : il est représenté à mi-corps de trois quart, la tête couverte d'un chapeau; il regarde en face. Dessin fait par lui, à la mine de plomb, sur papier végétal. Il est de forme ronde(1).
Diamètre, 18 cent.

41 — *Vue prise d'après nature sur les bords du Rhône : en avant d'une maison placée à gauche, une tourelle dont l'eau baigne les murs; tout auprès une cabane en planche. Dessin précieusement lavé à l'encre de Chine.
Haut. 16 cent., larg. 10 cent.

42 — Etude de cheval de paysan, dirigé vers la droite. Dessin à la mine de plomb, sur papier végétal, d'après l'étude de Paul Potter, décrite au n. 199 du présent catalogue.
Larg. 15 cent. 5 mill.; haut. 12 cent.

BOL (Ferdinand), *né à Dordrecht vers 1620, mort en 1681.*

43 — Le Sacrifice de Gédéon (2). Dessin à la plume et lavé au bistre.
Larg. 20 cent., haut. 19 cent.

44 — Galilée : représenté à mi-corps, la tête appuyée sur sa main droite, et la gauche sur le bras du fauteuil où il est assis; il est coiffé d'un bonnet fourré et vêtu d'un manteau garni de fourrure; à gauche une croisée ouverte, au bas de laquelle est une table où se

---

(1) Boissieu a aussi gravé son portrait à l'eau-forte.
(2) F. Bol a gravé à l'eau-forte ce même sujet.

voient des livres et une sphère. Dessin lavé à l'encre de Chine, mêlé de bistre. De la *collect. Gool.*

Larg. 30 cent., haut. 23 cent.

45 — Portrait de G. Dow : il est représenté vu jusqu'au genoux richement vêtu, la tête couverte d'un chapeau orné de deux grandes plumes ; il regarde en face et a le bras gauche appuyé. Dessin à la plume et lavé au bistre.

Haut. 15 cent. 5 mill., larg. 11 cent.

BORSOM (Antoine Van). *École flamande.*

46 — Trois poules et un coq : ce dernier est perché à gauche sur un van renversé ; au coin à droite on lit le nom de maître. Dessin à la plume lavé au bistre.

Larg. 23 cent., haut. 14 cent. 5 mill.

BOTH (Jean, dit BOTH D'ITALIE).

47 — *Paysage richement boisé de beaux arbres qui s'étendent de la droite jusqu'au milieu de la composition ; au bas, de ce côté, une mare bordée de roseaux ; à gauche un paysan monté sur un mulet, et précédé d'un autre, se rencontre avec un autre paysan conduisant une vache devant lui sur une route bornée par une rivière au delà de laquelle sont des montagnes. On lit à droite, *J. Both.* Beau et capital dessin au crayon, lavé à l'encre de Chine. *De la collection de M. Van Puten.*

Larg. 27 cent. 2 mill. haut. 20 cent.

48 — Paysage : au milieu un pont jeté sur un ravin, et conduisant à droite à un chemin bordant une rivière, et bornée à l'horizon par de hautes montagnes, et passant à gauche aux pieds de rochers et derrière de grands arbres qui ornent le premier plan de ce côté. Dessin à

la plume et au bistre, lavé d'encre de Chine. Belle étude, de *la collection Lagoy.*

Larg. 31 cent., haut. 20 cent.

49 — *Riche paysage : au milieu du devant un grand arbre bordant une route qui est à droite, et sur laquelle marchent deux hommes, une femme, trois mulets et un chien; ils descendent se dirigeant à droite; à gauche, des rochers au bord d'une rivière que l'on retrouve encore dans le fond à droite, bordée par de hautes montagnes. Dessin lavé à l'encre de Chine.

Larg. 40 cent., haut. 31 cent.

BRAMER (Léonard), *né à Delf en 1596.*

50 — *Vue d'une des portes d'une ville maritime : au premier plan une barque paraît disposée pour un officier qui prend congé d'un autre personnage qui est accompagné de plusieurs soldats. Composition d'un grand nombre de figures. Dessin lavé au bistre.

Larg. 30 cent. 6 mill., haut. 20 cent.

CARRACHE (Lodovico Carracci, ou Louis), *né à Bologne en 1555, mort en 1619.*

51 — *L'Adoration des Mages : la Vierge assise à gauche sur les marches d'un portique, l'enfant Jésus sur ses genoux, reçoit les présens que lui apportent les mages, dont un est à genoux, baisant la main de l'enfant Dieu. Dessin à la plume, lavé au bistre.

Haut. 21 cent., larg. 16 cent.

52 — *Le Christ mort, couché à gauche sur les genoux de la Vierge, assise au milieu de la composition; à sa gauche une des saintes femmes. Dessin à la plume et au bistre. Au coin à gauche, *L. Carracci.*

Haut. 16 cent. 1 mill. larg. 12 cent. 5 mill.

CARRACHE (Agostino Carracci, ou Augustin), *né à Bologne en 1558, mort à Parme en 1601.*

53 — La Communion de saint Jérôme. Dessin à la plume, lavé au bistre.
Haut. 41 cent. 5 mill., larg. 29 cent.

CARRACHE (Annibal Carracci), *né à Bologne en 1560, mort à Rome en 1609.*

54 — Le Christ, descendu de la croix, est entouré des saintes femmes. A droite, sainte Marie-Madeleine; au milieu, derrière le corps du Christ, la Vierge debout en pleurs. A gauche en avant, saint Jean à genoux, tenant une des mains du Christ; derrière lui saint Joseph. Dessin au bistre.
Larg. 21 cent., haut. 17 cent.

55 — Le Christ mort, sur les genoux de la Vierge, assise à la droite de la composition. Dessin à la sanguine.
Haut. 22 cent., larg. 19 cent.

56 — Vision de saint François : le saint est à droite, à genoux et en extase devant la Vierge, dont on n'aperçoit que la nuée qui la porte; plus loin un autre saint exprime son étonnement. Dessin à la plume, lavé au bistre. *Du cabinet Lempereur.*
Haut. 18 cent., larg. 17 cent.

57 — Les Tonneliers : six hommes, dont deux sont occupés à transvider une énorme pièce qui est placée à gauche. Dessin à la plume et au bistre. Des *collections Mariette et Lagoy.* Lithographié par ce dernier.
Larg. 15 cent., haut. 11 cent.

58 — Paysage : feuille d'étude. Au premier plan, vers la gauche, un massif d'arbres; à droite, dans le

fond, une vue de ville, en avant de laquelle coule une rivière. En haut, à droite, une tête de jeune garçon vue de profil, et à gauche, deux mains croisées. Charmant dessin à la plume et au bistre. *Collection Mariette.*

Larg. 21 cent., haut. 17 cent.

59 — Femme assise tenant un enfant sur ses genoux; elle regarde à droite. Un homme assis, regardant à droite, tenant des deux mains sa jambe croisée. Deux études à la plume et au bistre.

Haut. 13 cent., larg. 10 cent. chaque.

CHAMPAIGNE (Philippe de), *né à Bruxelles en 1602; mort à Paris en 1674.*

60 — *Le Sauveur dans le ciel, accompagné de la Vierge et de saint Jean portés par des anges; la Vierge à la droite du Christ, intercédant auprès du Christ pour saint Bruno et ses compagnons, qui sont à genoux au premier plan et dirigés vers la droite, où l'on voit dans l'éloignement la Chartreuse. Beau dessin très terminé, lavé à l'encre de Chine; il a servi à la gravure de Pitau, en 1557.

Haut. 64 cent., larg. 45 cent.

CHARLET (M. Nicolas Toussaint).

61 — * Les deux Curés en ribotes. Dessin à la sépia.

Larg. 27 cent.; haut. 22 cent.

CORRÈGE (Antonio Allegri, dit le), *né à Correggio dans le Modénois en 1494, mort en 1534.*

62 — * Hébé: elle est vue à mi-corps, le corps placé de profil, la tête de face, et tenant de la main droite un vase. Dessin au pastel.

Haut. 48 cent., larg. 37 cent.

3

63 — * Tête de jeune garçon tourné vers la droite et regardant à gauche. Beau dessin à plusieurs crayons, mêlés de pastel, sur papier de couleur.
Haut. 55 cent., larg. 26 cent.

CUYP (Albert), *né à Dort en 1606.*

64 — Vue d'une campagne dont le milieu est occupé par une ville; dans le fond on en aperçoit plusieurs autres et des villages; l'horizon est bornée par des montagnes. Dessin au crayon et légèrement colorié. Les dessins coloriés de ce maître sont extrêmement rare.
Larg. 23 cent., haut. 12 cent. 5 mill.

65 — Vue d'une rivière qui occupe toute la largeur du dessin : au premier plan à droite des bateaux, et cinq figures dont une femme; de l'autre côté de la rive un bac s'apprête à passer une charette et plusieurs paysans. Dessin au crayon lavé à l'encre de Chine.
Larg. 31 cent., haut. 18 cent. 5 mill.

DAVID (Jacques-Louis), *né à Paris en 1748, mort à Bruxelles en 1825.*

66 — * Andromaque pleurant la mort d'Hector : au bas à gauche, on lit, *L. David, f. et inv.*, 1782. Dessin au crayon et lavé à l'encre de Chine, de son tableau de réception à l'Académie.
Haut. 29 cent., larg. 25 cent.

67 — * Les Licteurs rapportent les corps des fils de Brutus, qu'il a condamnés à mort. Dessin à la plume lavé à l'encre de Chine, fait à Rome, en 1787, c'est le dessin du tableau qui est au Musée Royal.
Larg. 40 cent., haut. 52 cent.

68 — *Étude de l'homme qui tient la ciguë dans le tableau de la mort de Socrate. Dessin au crayon noir et rehaussé de blanc sur papier teinté. On lit à droite, *David, f.*, et plus bas, étude *pour le tableau de Socrate, donnée à Jeuffroy par son ami David*.
Haut. 50 cent., larg. 38 cent.

69 — *Étude de tête d'un jeune écuyer, et tête d'une jeune Romaine, pour le tableau des Sabines. Dessin à la plume et au bistre. Au coin du bas à gauche, on lit, *David delineavit*, à *J. B. Peytarin, discipulo suo die 20 mens floréal an 7*, etc.
Larg. 20 cent., haut. 16 cent.

70 — * Études de cinq figures vues à mi-corps, dont celle du Léonidas, du grec armé d'une lance qui est à sa droite, des deux figures qui se voyent au dessus d'eux, et du prêtre qui s'aperçoit dans le fond. Dessin au crayon, au coin du haut à droite, on lit, *L. David, Brux.*, 1817.
Larg. 18 cent. 8 mill., larg. 12 cent. 3 mill.

71 — *Étude académique d'un soldat grec, pour le Léonidas : il se garantit avec son bouclier qu'il tient de la main gauche au dessus de sa tête, met la droite sur le pommeau de son sabre prêt à le tirer. Dans le coin à gauche, les initiales de David. Dessin au crayon.
Haut. 17 cent. 5 mill., larg. 10 cent.

72 — *Étude académique d'homme nu dans la position de lancer une pierre. Dessin au crayon. On lit à gauche, *d'après nature, à Montebello*, et les initiales de David.
Haut. 17 cent. 2 mill., larg. 11 cent.

DIETRICY (Chrétien-Guillaume-Ernest), né à *Weimar, en* 1712, *mort à Dresde en* 1774.

73 — *Jésus guérissant les lépreux à la porte du

temple. Dessin important lavé au bistre, à l'imitation de Rembrandt. Au coin à droite, *C.-W.-E. Dietricy fec. 1739.*

Haut. 35 cent., larg. 29 cent.

74 — * Jésus mis dans le sépulcre par ses disciples: à droite la mère de Dieu s'évanouit dans les bras d'une sainte femme. Dessin à la plume rehaussé de blanc sur papier teinté. On lit à gauche, sur une pierre du sépulcre le chiffre du maître et l'année 1730.

Haut. 16 cent., larg. 11 cent. 5 mill.

75 — * Halte de cavaliers à une buvette sous une tente placé à gauche sur le bord d'une rivière qui occupe la droite du dessin, et sur laquelle sont diverses barques avec voiles déployées. Dessin à la plume légèrement lavé à l'encre de Chine. Tout au bas à droite on lit, *C.-W.-E. Dietricy fecit.*

Larg. 26 cent. 6 mill., haut. 17 cent. 6 mill.

DOES (Jacques Van der), *né à Amsterdam, en 1623, mort en 1673.*

76 — * Troupeau de moutons et chèvres en marche, conduit par des bergers; il tourne à droite dans un sentier couvert d'arbres à l'un desquels un jeune garçon cueille des fruits qu'il jette à un autre garçon qui tend les bras pour les recevoir. Au coin à gauche, on lit, *Van der Does, A° 1654. Haaga. De la collection Neyman.*

Larg. 44 cent., haut. 32 cent.

77 — Un troupeau de moutons et de béliers se repose à l'abri d'une cabane dans laquelle est une femme qui parle au berger assis à droite; son chien couché à ses pieds et endormi; à gauche divers sentiers conduisant à des ruines, et dans le fond à des fabriques en-

tourées d'arbres : la grande lumière répandue dans cette composition indique le midi ; sur le devant on lit, *V. D. Does*, 1670. Très beau dessin lavé au bistre, digne en tout de Karel Dujardin, maître de Van der Does.

Larg. 30 cent., haut. 26 cent. 5 mill.

DOMINIQUIN (Dominico Zampieri, dit le).

78 — *Judith montrant la tête d'Holopherne. Composition de treize figures. Dessin à la plume lavé à l'encre de Chine et rehaussé de blanc sur papier bleu ; il est de forme ovale.

Haut. 15 cent. 2 mill., larg. 13 cent.

79 — * Saint Jean : il est assis le pied gauche posé sur un aigle, méditant ses évangiles, le coude droit appuyé sur des livres, et tenant une plume de la main droite, et tendant la gauche vers un livre que tient un ange ; à gauche un autre ange tient un livre devant le saint. Dessin terminé lavé au bistre et rehaussé de blanc.

Haut. 47 cent., larg. 38 cent.

DONATO ou DONATELLO, *sculpteur florentin, né en 1383, mort en 1466.*

80 — Les disciples au tombeau du Christ : au premier plan six soldats endormis ; à gauche quatre des disciples de Jésus auxquels un ange, placé à droite, annonce la résurrection. Dessin à la plume lavé au bistre.

Larg. 38 cent., haut. 25 cent.

DOOMER, *imitateur de Rembrandt, né vers 1647.*

81 — Paysage : vue d'un chemin qui occupe tout le premier plan et qui descend à gauche vers un village

et des tourelles, dont la principale se voit à droite au second plan ; au haut du chemin, à gauche, un paysan un bâton à la main ; il est suivi d'un autre portant une hotte. Dessin capital à la plume, lavé au bistre mêlé d'encre de Chine. *De la collection Neyman.*

Larg. 24 cent., haut. 22 cent. 5 milli.

DOW (Gérard), *né à Leyde en 1613, mort dans la même ville en 1680.*

82 — Une jeune cuisinière, placée à droite, regardant à gauche un jeune garçon qui tient un bout de boudin, et auquel elle montre celui qu'elle fait, qui est placé dans un baquet devant elle ; à droite, un chien dont on ne voit que la tête, et, au coin du haut, on lit, *G. Dou., f. 1650.* Dessin à la sanguine.

Larg. 18 cent., haut. 15 cent.

DROUAIS (Jean-Germain), *né à Paris en 1673, mort à Rome en 1788.*

83 — Le Festin de Damoclès. Dessin au crayon, lavé au bistre.

Larg. 35 cent., haut. 25 cent.

DURER (Albert), *né à Nuremberg en 1471, mort dans la même ville en 1528.*

84 — *Le mariage de sainte Catherine : la Vierge assise au milieu, l'enfant Jésus sur ses genoux ; il regarde à droite sainte Catherine à genoux, les mains jointes, une épée passée à son bras gauche ; saint Jean debout derrière elle, tient de ses deux mains un calice surmonté d'une hostie ; à sa droite, un pèlerin les deux mains appuyées sur un bâton ; à gauche dans le fond, saint Joseph sort du temple, un livre à la main, dans

lequel il lit ; sur le devant, à droite, un ange joue de la guitare, et à gauche un autre jouant de la basse. L'année 1521 sur la marche de l'estrade où est assise la Vierge, et le chiffre sur le haut de la colonne en avant du temple. Dessin capital à la plume et au bistre.

Larg. 39 cent., haut. 25 cent.

DUSART (Corneille), né à *Harlem* en 1665, mort en 1704.

85 — * Intérieur rustique où douze paysans et paysannes se livrent à la joie, à boire, à fumer et à jouer ; à droite au premier plan, un paysan assis, vu de profil, montre une fiole qu'il tient de la main gauche à une femme, qui tient un pot de la main droite, et un verre de vin qu'elle vient de verser, et que convoite un enfant qui la tient par sa robe. Au coin à droite, *Corn. Dusart, f.* Dessin capital colorié sur vélin. 151

Larg. 43 cent., haut. 31 cent. 5 mill.

86 — Au milieu d'un estaminet, animé d'un grand nombre de figure, un paysan assis vers la gauche, une jambe étendue sur un banc, joue du violon. Dessin à la plume, lavé au bistre et à l'encre de Chine (1). 52

Haut. 26 cent., larg. 23 cent.

87 — La femme barbier ; elle rase un homme assis à la gauche de la composition ; elle met son genoux sur la jambe qu'il a étendu, et dont le pied repose sur un coussin posé sur un banc ; des fioles, des poissons séchés, annoncent une empirique de village. On lit au bas à 48

---

* Dusart a gravé cette composition à l'eau-forte ; elle est décrite dans Bartsch, sous le titre du Violon assis.

gauche, *Cornelis Dusart, fe.* 1694. Dessin à la plume, lavé à l'encre de Chine.

Haut. 23 cent., larg. 18 cent.

DYCK (Antoine Van), *né à Anvers vers 1599, mort à Londres, en 1641.*

88 — La Flagellation : le Christ, placé au milieu de la composition, est entouré par trois bourreaux qui le battent de verges. Dessin à la plume, lavé à l'encre de Chine et au bistre.

Haut. 19 cent., larg. 15 cent.

89 — *Saint Augustin inspiré par le Saint-Esprit pour écrire son histoire sainte ; le saint au milieu de deux de ses disciples, tient de la main gauche le livre où il doit écrire ; en avant de lui à droite, un enfant tient sa mitre. Dessin lavé au bistre.

Haut. 15 cent. 8 mill., larg. 13 cent. 8 mill.

90 — *Portrait de de Vaël, peintre ; il est représenté à mi-corps, vu de trois quart, tourné à gauche. Dessin à la plume et au bistre. Van Dyck a gravé ce portrait à l'eau-forte.

Haut. 23 cent., larg. 17 cent. 6 mill.

91 — Portrait de Jean de Montfort, vu à mi-corps jusqu'aux genoux, dirigé vers la droite, la tête de trois quarts. Il porte au cou une fraise ; il tient de la main droite des gants, et de la gauche semble indiquer quelque chose. Dessin au crayon sur papier de couleur et rehaussé. *De la collection Lagoy.*

Haut. 24 cent., larg. 19 cent.

EECKOUT (Gerbrand Van den), *né à Amsterdam en 1621, mort en 1773.*

92 — La Visitation : la Vierge debout, vue de face,

donnant la main à sainte Anne pour lui aider à monter la marche qui conduit à la porte de sa maison, et sur le haut de laquelle on lit l'année 1648. Au coin du haut, à gauche, des geais perchés au pignon de la maison ; à l'une des croisées, vers la droite, saint Joseph. Dessin à la plume, lavé au bistre.

Haut. 25 cent., larg. 24 cent.

93 — Vue d'une colline boisée : à droite un sentier qui y conduit et au haut duquel est un paysan ; à gauche, au premier plan, un tertre où un homme debout et une femme assise causent ; du même côté, dans l'éloignement, une vallée au-delà de la colline. On lit au coin à droite, *G.-V. Eeckhoust, f.* 1661. Dessin à la plume et colorié.

Larg. 31 cent., haut. 19 cent. 5 mill.

ELSHEYMER (Adam), *né à Francfort en 1574, mort à Rome en 1621.*

94 — Une Promenade : sept personnages, dont quatre hommes et deux femmes ; celle placée à gauche tient un enfant par la main ; ils se dirigent tous vers la droite. Dessin à la plume et au bistre.

Larg. 17 cent. 5 mill., haut. 14 cent.

EVERDINGEN (Albert Van), *né à Alkmaer en 1621, mort dans la même ville en 1675.*

95 — Vue prise en Norwége : un torrent venant de la droite se précipite vers la gauche en passant de ce côté au pied d'un rocher où se voit une cabane construite en bois et entourée de sapins. A droite, plusieurs troncs d'arbres renversés et sur l'un desquels un homme se repose et fait jouer son chien ; du même côté

un homme, un paquet sur le dos. Dans le fond, un ancien château. Dessin lavé au bistre mêlé d'encre de Chine, qui rappelle les charmantes eaux-fortes dans lesquelles ce maître s'est plu à répéter les scènes de ce pays du nord. *Collection Lagoy.*

Larg. 34 cent., haut. 23 cent.

FRA BARTOLOMMEO (il frate della Porta), *né à Avignano en 1469, mort à Florence en 1517.*

96 — *La Vierge assise, placée au milieu de deux saints personnages, tient de sa main droite l'enfant Jésus sur ses genoux, lequel prend de sa main droite la croix que lui présente le petit saint Jean debout à gauche. Dessin lavé au bistre et rehaussé de blanc. *De la collection Denon.*

Haut. 31 cent., larg. 24 cent.

97 — Tête de jeune garçon, vue de trois quarts, dirigée vers la droite. Dessin au crayon et rehaussé de blanc sur papier teinté. Du cabinet de *Nathaniel de Hone.*

LORRAIN (Claude Gelée, dit le), *né au château de Chamagne en Lorraine, en 1600, mort à Rome en 1682.*

98 — *Repos en Égypte : la Vierge est assise à terre, l'enfant Jésus sur ses genoux, auquel le petit saint Jean offre une fleur ; derrière eux, un ange à genoux, les mains jointes ; un peu plus loin, du côté opposé, saint Joseph, à moitié couché sur la berge, lit dans un livre qu'il tient des deux mains. Au dessus de ce groupe, une gloire d'ange en avant d'un beau massif d'arbres prenant naissance sur des rochers. A droite, dans l'éloignement, des ruines, et dans le fond un pont et des

montagnes. A gauche, sur une pierre, une inscription, *Claudio, Roma*, 1658, à peine lisible. Beau dessin très terminé au crayon, lavé au bistre et à l'encre et rehaussé de blanc.

Haut. 43 cent., larg. 35 cent.

99 — Mercure endormant Argus : ce dernier est endormi au son de la flûte dont joue Mercure assis au premier plan à gauche, ombragé par un massif d'arbres. A droite, la vache Io couchée ; plus loin trois autres vaches, et plus loin encore quelques chèvres qui descendent vers un charmant paysage derrière lequel le soleil se couche. Beau et capital dessin très terminé à l'encre de Chine mêlée de bistre et rehaussé de blanc, sur papier bleu, avec beaucoup de soin; une légère teinte rouge mêlée au blanc donne à ce dessin tout le charme et l'effet lumineux qui existe dans les tableaux du Claude. Au verso de ce dessin, la signature du Claude (1). Il est gravé par *R. Earlom*, dans le 3ᵉ vol. du Livre de Vérité.

Larg. 36 cent., haut. 24 cent.

201.

100 — Paysage : on voit sur la gauche une masse de rochers couverts d'arbres, qui s'étend jusqu'au milieu du devant, où elle plonge dans une rivière; sur le devant, un vieillard, drapé à l'antique et portant un livre sous le bras, parle à des guerriers et leur indique une fontaine au pied d'un arbre; dans le fond on voit une île, dont le milieu très élevé est couvert de ruines de monuments

250

---

(1) Cette signature est identique à toutes celles qui sont sur les nombreuses études de Claude, qui se trouve au *Brittsch Museum*, à Londres, et qui forme 3 vol. grand in-folio.

anciens. Très beau dessin à la plume, lavé au bistre. De la collection *Morel de Vindé*.

Larg. 36 cent., haut. 24 cent. 5 mill.

259.   101 — * Soleil couchant : au milieu de la composition, en avant d'un pont conduisant à un temple à droite, un groupe d'arbre, dont un palmier; à gauche, plusieurs ponts en ruines et la mer bornée par l'horizon où le soleil se couche. Au coin à gauche on lit *Claude Lorrain*. Dessin à la plume lavé au bistre et à l'encre de Chine ; étude pour un tableau. De la *collection A. Bordage*.

Larg. 41 cent., haut. 35 cent. 5 mill.

1400.   102 — Paysage d'une vaste étendue ; au milieu du second plan un massif d'arbre au bord d'une rivière qui occupe toute la largeur de la composition en avant de laquelle, sur un tertre garni de végétation, deux pêcheurs, dont un assis et l'autre debout, tenant un filet. Au bas, à gauche, on lit : *Claudio fecit inv. Rome* 1628. Dessin à la plume lavé vigoureusement au bistre. De la *collection Denon*.

Larg. 21 cent., haut. 15 cent.

100. 50   103 — * Etudes de vaisseaux : Rencontre de quatre bâtiments en pleine mer. Deux vaisseaux en mer. Deux dessins lavés au bistre.

Larg. 21 cent., haut. 14 cent. chaque.

60.   104 — Combat naval : abordage entre trois bâtiments, en avant une chaloupe. Un vaisseau couché sur le côté, et que plusieurs hommes, placés dans des chaloupes, sont occupés à radouber ; au loin un vaisseau en pleine voile. Deux dessins lavé au bistre (1).

Larg. 21 cent., haut. 14 cent. chaque.

---

(1) Ces quatre dessins ont fait partie d'un recueil de dessins du Claude

105 — * Etude d'arbre : à droite, du même côté, sur un plan plus éloigné, une fabrique, en avant de laquelle est un arbre. Dessin au bistre.
Haut. 23 cent., larg. 18 cent.

40.

GÉRICAULT (Théodore), *né à Rouen en 1791, mort à Paris en 1823.*

106 — A gauche, un Arabe retient une jument qu'un autre Arabe cherche à faire couvrir par un étalon. Dessin tracé au crayon et colorié vigoureusement.
Haut. 30 cent., larg. 23 cent.

92.

GIRODET-TRIOSON (Anne-Louis), *né à Montargis en 1767, mort à Paris le 9 décembre 1824.*

107 — La mort d'Annibal : le guerrier, étendu mort au pied de l'autel de Jupiter, est entouré d'une foule de guerriers et de soldats qui venaient pour l'arrêter ; une coupe est renversée sur le devant à terre. Dessin vigoureusement lavé à l'encre de Chine, mêlé de bistre et rehaussé de blanc.
Larg. 28 cent. 8 mill., haut. 23 cent.

85.

108 — * Télémaque racontant ses aventures à Calypso ; importante composition de quatorze figures. Dessin le plus capital du maître, au crayon noir, terminé à l'estompe et rehaussé de blanc avec beaucoup de soin.
Larg. 38 cent., haut. 24 cent.

246.
Mallot

---

et du Guaspre, trouvé en 1798 dans l'église de Saint-Louis des Français, à Rome ; il y avait trente dessins, études de barques et navires. En tête de l'un d'eux était écrit de la main de Claude, une inscription en italien, se traduisant ainsi : *Dessins d'après nature, à Ripa-Grande et autres lieux, sur le Tibre, à Rome en 1670.* Ce dessin est actuellement dans la collection de M. Gatteau.

109 — La Peinture, représentée par une femme nue, assise sur un nuage; elle tient un crayon de la main gauche, et appuie sa tête dans la main droite. Dessin au crayon noir à l'estompe, et rehaussé de blanc sur papier de couleur.
Haut. 29 cent., larg. 23 cent.

110 — *Étude de quatre figures nues, pour la mort de Phèdre. Dessin au crayon.
Larg. 35 cent., haut. 26 cent. 5 mill.

111 — Étude de deux figures nues: homme embrassant une jeune femme, pour ses compositions d'Anacréon. Dessin au crayon noir et blanc sur papier de couleur.
Haut. 56 cent., larg. 41 cent.

GREUZE (Jean-Baptiste), *né à Tournus en Bourgogne, en 1734, mort à Paris en 1807.*

112 — *La Madeleine : elle est nue, en prière dans une grotte, et à genoux sur une natte, la tête dans sa main gauche, et regardant dans un livre ouvert placé au coin à droite. Dessin au crayon noir et rouge, et lavé à l'encre de Chine.
Haut. 51 cent., larg. 40 cent.

113 — *L'Accordée de village. Dessin à la plume lavé à l'encre de Chine et colorié. Ce beau et capital dessin est la même composition que le tableau du Musée royal.
Larg. 50 cent., haut. 35 cent.

GUERCHIN (Giovanni Francesco Barbieri, dit le), *né à Cento, en 1590, mort en 1666.*

114 — Mardochée à genoux aux pieds du roi Assué-

rus assis sur son trône, intercédant pour Amman, condamné à mort par ordre du roi. Composition de huit figures. Dessin à la plume et au bistre.

Larg. 26 cent., haut. 19 cent.

115 — *Repos en Égypte : la sainte Vierge s'apprête à donner le sein à l'enfant Jésus, que lui présente saint Joseph, assis à droite ; à gauche deux anges dont on n'aperçoit que les têtes au dessus d'un buisson près de l'arbre au pied duquel la sainte Vierge est assise. Charmant dessin à la plume lavé au bistre. Au verso une première pensée de la même composition ; elle est légèrement indiquée, et en contre-partie avec quelques différences. De la *collection Pierre Leli.*

Larg. 30 cent., haut. 22 cent.

116 — La Vierge tenant dans ses bras l'enfant Jésus que l'on voit à droite. Dessin légèrement tracé à la plume et au bistre.

Haut. 16 cent., larg. 12 cent. 6 mill.

117 — *La Vierge vue à mi-corps, tournée vers la droite, l'enfant Jésus dans ses bras. Dessin à la plume lavé au bistre. De la *collection Lagoy.*

Haut. 16 cent 7 mill., larg. 12 cent. 7 mill.

118 — *La Charité vue jusqu'aux genoux, assise, tournée vers la gauche, la main gauche appuyée sur un livre où on lit, *Charita,* et de la droite tenant un enfant assis sur ses genoux ; deux autres derrière elle. Dessin à à la plume et au bistre.

Haut. 15 cent. 6 mill., larg. 14 cent.

119 — Une femme vue à mi-corps, tenant dans le bras droit son enfant : elle est vue de profil, tournée à droite, et semble être debout devant une hauteur de terre, sur laquelle son enfant a les pieds posés, à côté

de son bras gauche étendu et saisissant de la main un épi de blé placé au pied d'un tronc d'arbre d'où sortent quelques feuilles, et une branche sèche, à droite, sur laquelle est perchée une pie. Ce dessin, qui a fait partie de la collection de *Jonh Barnard*, a été estimé et regardé en Angleterre comme un des plus finis et des plus spirituels dessins connus de ce maître (1). Il a été acquis à la *collection de M. Denon*.

Larg. 30 cent., haut. 23 cent.

120 — Vue d'une ville entourée de murs : à droite une vaste campagne; au milieu du premier plan plusieurs personnages, hommes et femmes. Dessin vigoureusement tracé à la plume et au bistre.

Larg. 41 cent., haut. 27 cent.

121 — Les Bohémiens : une femme debout, une quenouille au bras, cherche des deux mains la vermine à un homme assis à terre, qui aussi épouille un jeune garçon couché devant lui; on aperçoit à gauche un quatrième mendiant vu par le dos, appuyé contre un quartier de rocher; à droite on lit : *Come l'arena sono nc mai ci dan Perdono*. Dessin à la plume et au bistre, de la *collection Denon*. Il est lithographié dans son ouvrage (2).

Haut. 25 cent. 0 mill., larg. 20 cent.

GUIDE (Reni Guido, dit le), *né à Bologne en 1575, mort en 1642.*

122 — *Quatre amours, dont deux se donnant la

---

(1) Ce dessin, venu en France, fut vendu en vente publique en 1789, au prix de 831 livres tournois.

(2) Monuments des arts du dessin chez les peuples, tant anciens que modernes, recueillis par le baron Denon, pour servir à l'histoire des arts, etc., 4 vol. in-fol. de 315 planches.

main, élèvent le troisième, qui tient un arc de la main gauche. A la branche d'un arbre, à gauche, est suspendu un cœur percé de flèches. Dessin à la plume et lavé au bistre.

Haut. 23 cent. 5 mill., larg. 19 cent.

HUGTEMBURG (Jean Van), *né à Harlem en 1646, mort à Amsterdam en 1733.*

123 — *Le manége : à l'entrée d'une allée richement ornée de statues et conduisant à une belle habitation, deux cavaliers paraissent exercer leurs chevaux, l'un se voit au premier plan, se dirigeant à gauche; le second, à un plan plus éloigné, arrive au galop vers la droite; derrière lui une voiture, et à droite plusieurs personnages descendent les marches d'un perron orné de statues, paraissant donner entrée à une riche habitation. A gauche, au second plan, plusieurs grands arbres en avant desquels est une statue de Mercure, et près de là une fontaine où est une paysanne avec un âne. Le premier plan est enrichi de divers animaux, et à gauche un palefrenier fait boire un cheval tout sellé; du même côté, sur une porte, on lit, *Huchtemburg.* Dessin lavé à l'encre de Chine et légèrement colorié au bistre dans plusieurs parties. Dessin très capital, qui rappelle les compositions animées de Phil. Wouvermann. *Collection Lagoy.*

Larg. 33 cent., haut. 23 cent. 5 mill.

HUYSUM (Jean Van), *né à Amsterdam en 1682, mort dans la même ville en 1749.*

435.

124 — *Groupe de fleurs dans un pot posé sur une terrasse, composé de tulipe, anémone, tubéreuse, jacin-

thie et autres fleurs ; à gauche, sur la terrasse, un limaçon sort de sa coquille. Dessin étude au crayon et colorié.

Haut. 57 cent., larg. 34 cent. Cintré du haut

HOBBEMA (Meinderhout), *a peint vers 1670.*

1811. 50

125 — Vue d'un village sur le bord d'un canal, en Hollande : effet de neige. A droite, une vieille femme, un panier au bras et tenant par la main un enfant, se dirige vers un chemin au premier plan. A gauche, une mare glacée où est une cabane en planches. A droite on lit, *M. Hobbema.* Dessin à la plume et légèrement colorié. Les dessins de ce maître sont de la plus grande rareté.

Larg. 34 cent. 5 mill., haut. 23 cent.

HOLBEIN (Hans ou Jean), *né à Bâle en 1498, mort à Londres en 1554.*

220. pr Reiver

126 — *Portrait de Jean Tritemi, vu à mi-corps, le regard de face, la tête couverte d'un bonnet. Dessin à la plume ; la tête coloriée et rehaussée de blanc ; le reste du corps à peine indiqué au crayon. Au coin du haut, à gauche, on lit, *Johannes Tritemi*, et en caractère plus fin une inscription allemande en neuf lignes, relative au personnage, et le monogramme du maître, formé des lettres H. B. réunies. De la *collection Zoomers.*

Haut. 26 cent. 6 mill., larg. 19 cent. 3 mill.

JORDAENS (Jacques), *né à Anvers en 1594, mort dans la même ville en 1678.*

25 —

127 — *L'adoration des mages. Composition de quinze figures. Dessin colorié à la gouache.

Haut. 38 cent., larg. 27 cent.

128 — *Le Roi boit. Composition de quinze figures, connue par la gravure qu'en a fait Pontius. Elle est en tout pareille, à l'exception de l'inscription placée dans le cartouche au milieu du dessin, qui diffère de celle de l'estampe ; il y a aussi un repentir à l'endroit où une femme essuie un enfant qu'elle a sur ses genoux. La première pensée était une jeune fille que fait boire cette même femme. Jordaens a pensé devoir compléter le bachique de cette scène en mettant à la place cet enfant. Beau et capital dessin, colorié et rehaussé de gouache. De la collection *Goole.*
       Haut. 37 cent., larg. 57 cent.

675.

129 — *Quatre figures à mi-corps, dont deux femmes : une jeune et une vieille ; cette dernière à droite, ainsi qu'un jeune garçon à gauche, éclairent la jeune femme avec chacun une chandelle. Au coin à droite, un jeune garçon tient un gueux sur lequel il paraît souffler, devant lui un chien dont on ne voit pas les pattes. Au haut, dans la longueur du dessin, une inscription en hollandais, de la main de Jordaens, se traduisant ainsi : *Ce sont les bonnes chandelles, celles qui éclairent par devant.*
       Larg. 17 cent., haut. 14 cent. 5 mill.

10.

JOSEPIN (Giuseppe Cesari, dit), *né à Arpino, mort en 1640.*

130 — *Mariage de sainte Catherine. Dessin à la pierre d'Italie.
       Larg. 27 cent., haut. 22 cent.

JULES ROMAIN (Giulio Pipi, dit), *né à Rome en 1492, mort en 1546.*

131 — *Seleucus voyant son fils condamné par

120

la loi à perdre les yeux pour crime d'adultère ; il s'en fait crever un pour lui conserver l'autre et satisfaire à la loi. Dessin pour un pendentif, très terminé à la plume et vigoureusement lavé au bistre et rehaussé de blanc. Hollard a gravé cette composition.

Larg. 31 cent., haut. 29 cent.

132 — *Constantin auquel on amène des prisonniers après la défaite de Maxence. Dessin d'une des grisaille du Vatican. Dessin à la plume lavé au bistre et rehaussé de blanc ; on a joint à ce dessin la gravure par P. Santi Bartoli.

Larg. 39 cent., haut. 11 cent.

133 — *Décébale amené devant Trajan : l'empereur est assis à gauche, les deux mains croisées sur un livre ; derrière lui plusieurs guerriers dont un tient un étendard ; à droite, Décébale, porté par deux soldats et entouré de plusieurs autres. Dessin à la plume lavé au bistre. *Collection Denon.*

Haut. 45 cent., larg. 35 cent.

134 — *Enlèvement de Proserpine : Pluton, placé à droite sur son char, traîné par quatre chevaux, tient dans ses bras Proserpine, que cherche à retenir ses compagnes renversées à terre du même côté ; à gauche, au dessus des chevaux, Vénus et l'Amour, tenant chacun un flambeau ; au premier plan, une naïade indique que la scène se passe au bord d'un fleuve, où Proserpine cueillait des fleurs avec ses compagnes. Ce beau dessin à la plume, lavé au bistre, paraît avoir été exécuté pour une frise.

Larg. 37 cent., haut. 31 cent.

KAREL (Dujardin), *né à Amsterdam en 1635, mort à Venise en 1678.*

135 — Fabrique italienne au bord d'un sentier qui conduit d'une petite rivière vers le fond à droite où sont des montagnes ; du même côté, une berge, où causent trois paysans, deux assis, un debout ; à gauche, plusieurs animaux, dont un âne et trois moutons, passent à gué la rivière au premier plan. Dessin lavé à l'encre de Chine. *Collection Lagoy.*

Larg. 25 cent. 5 mill., haut. 17 cent. 4 mill.

136 — Au premier plan, trois vaches, une couchée, deux debout, sont ombragées par un grand arbre, dont le tronc, à gauche, étend ses rameaux dans toute la largeur du ciel ; au haut d'une montagne, autour de laquelle tourne une rivière, on voit un paysan conduisant deux mulets ; à droite, à l'autre bord de la rivière, des arbres et de hautes montagnes ; au bas, vers la gauche, on lit, *K. Dujardin 1658.* Dessin à la plume, lavé au bistre mêlé d'encre de Chine. Cette composition rappelle le numéro 20 des eaux-fortes de ce maître.

Larg. 18 cent., haut. 14 cent. 5 mill.

KOBELL (Jean).

137 — Vache pie, au pâturage ; elle est vue de profil dirigé vers la droite. Dessin au crayon noir et rouge et remonté au pinceau. Au coin à gauche, *J. Kobell f.*

Larg. 21 cent., haut. 15 cent.

138 — * Vue d'un pâturage : au premier plan, vers la droite, une vache et deux moutons couchés ; à gauche, un mouton et deux vaches debout dont la seconde se trouve de l'autre côté d'une barrière en planches, placée en avant de saules qui ornent ce côté de la composition. Dessin au crayon noir et rouge et lavé a l'encre de Chine. On lit à gauche sur la barrière, *J. Kobell f.*

Larg. 28 cent., haut. 20 cent.

KONING (Jacques), *florissant vers 1650.*

139 — Vue d'après nature, aux environs d'une ville forte que l'on aperçoit vers le fond à droite, et en avant de laquelle sont des moulins; au premier plan, dans toute la largeur, un fossé rempli d'eau et garni de palissade. Dessin à la plume et lavé au bistre.

Larg. 31 cent., haut. 19 cent.

140 — Vue perspective d'Amsterdam; en avant de vastes plaines séparées de la ville par une rivière. Dessin à la plume et colorié.

Larg. 30 cent., haut. 8 cent. Les angles cintrés.

LANGENDYK (Dirk), *né à Rotterdam en 1748, mort en 1805.*

141 — * A la porte d'une auberge, deux chevaux qu'un homme est occupé à seller; à droite deux chiens lévriers, dont un est couché; dans le fond des bergers et leurs troupeaux. Dessin lavé très soigneusement à l'encre de Chine, dans la manière de Cuyp.

Haut. 26 cent., larg. 22 cent.

LANTARA (Simon-Mathurin), *né vers 1745.*

142 — * Paysage, effet d'orage; à droite, sur un monticule, les ruines d'une ancienne abbaye, derrière laquelle est un aqueduc d'où se précipite un torrent qui vient se prolonger en nappe d'eau sur le devant à droite; à gauche un chemin bordé par un rocher,

Dessin au crayon noir, rehaussé de blanc sur papier bleu.

     Larg. 26 cent., haut. 19 cent. 5 mill.

143 — * Au bord d'une rivière qui s'étend de gauche à droite, au premier plan, des berges couvertes d'arbres et de saules en avant du rocher sur lequel se voit un château-fort placé à droite ; au bas de ce château et vers la gauche un village, et sur la rivière un moulin à eau. On lit au bas à droite, *Lantara*. Dessin au crayon.

     Larg. 52 cent., haut. 36 cent.

LÉONARD DE VINCI (Lionardo da Vinci), *né vers 1452, mort à Amboise en 1519.*

144 — Portrait présumé de Gaston de Foix, duc de Nemours (1) ; il est vu de trois quarts, dirigé à gauche, la tête couverte d'une calotte. Dessin au crayon, sur papier teinté.

     Haut. 21 cent., larg. 19 cent. 5 mill.

236, Lasalle

LIEVENS (Jean), *né à Leyde en 1697.*

145 — Portrait d'homme coiffé d'une calotte ; il est représenté assis, vu à mi-corps, regardant en face ; il a le bras gauche appuyé et entouré d'un manteau. Au coin à droite, dans une espace ménagée en blanc, les lettres *I. L.* Dessin au crayon noir.

     Haut. 24 cent., larg. 19 cent. 4 mill.

146 — Les Pélerins d'Emaüs. Dessin lavé au bistre.

     Haut. 19 cent., larg. 15 cent.

40

---

* Neveu de Louis XII, il fut tué à la bataille de Ravenne le 12 avril 1152, à l'âge de vingt-quatre ans.

LIGOZZI (Jacopo), *né à Vérone en 1543, mort en 1627.*

147 — * La Bénédiction de Jacob. Dessin capital à la plume lavé au bistre et rehaussé d'or.

Haut. 35 cent., larg. 27 cent.

LUCAS DE LEYDE (Lucas Dammesz, dit), *né à Leyde en 1494, mort dans la même ville en 1533.*

148 — * Portrait de Lucas de Leyde : il est à mi-corps, vu de face, la tête couverte d'un chapeau ; il regarde à gauche. Dessin au crayon.

Larg. 32 cent. 5 mill., haut. 20 cent.

149 — * Le Retour de l'enfant prodigue, composition de onze figures, que Lucas a gravée lui-même au burin. Très beau dessin au bistre.

Larg. 21 cent. 2 mill., haut. 18 cent.

150 — * Quatre personnages vus à mi-corps, l'un d'eux vu de face, vêtu d'une pelisse garnie de fourrure, les bras croisés, semble écouter ce que lui dit un homme placé à sa droite. Dessin à la plume et au bistre.

Haut. 9 cent. 6 mill., larg. 8 cent. 6 mill.

LUINI (Lovini da Luino, ou) *vivait en 1530.*

151 — * Tête de femme d'une gracieuse expression : elle est vue de trois quarts, la tête penchée à gauche, le regard baissé. Dessin au crayon noir, rehaussé de blanc sur papier bleu.

Haut. 23 cent., larg. 19 cent.

MALLET (M. Jean-Baptiste).

152 — Le Lever à l'italienne : une jeune fille nue, assise à droite sur son lit, joue avec un jeune épagneul en lui montrant une gimblette ; près d'elle une servante

verse de l'eau dans un plat posé sur une table. Dessin colorié à la gouache. Au coin à gauche, *Mallet.*

Haut. 23 cent., larg. 17 cent.

MASACCIO, *né en 1401 à San Giovanni di Valdarno, mort à Florence en 1443.*

153 — *Le Massacre des Innocens : Hérode sur son trône préside à l'exécution ; à sa gauche un groupe de femmes, dont l'une d'elles tend vers lui des mains suppliantes ; à sa droite un guerrier armé de toutes pièces tire son épée du fourreau ; derrière lui une femme, fuyant avec son enfant dans ses bras, est poursuivie par un soldat. Composition riche de seize figures. Précieux dessin sur vélin.

Larg. 31 cent. 2 mill., haut. 29 cent. 3 mill.

MEER le jeune (Jean Van der). 1650.

154 — Au premier plan, une femme montée sur un âne, un berger et son troupeau vont passer une rivière dont l'autre bord est occupé par des rochers au dessus desquels sont des arbres et des ruines ; dans le fond de hautes montagnes terminent cette composition dans le goût de Berghem. On lit au coin à droite, *J. van der Mer de Jonghe, f.* 1701. Dessin très finement colorié.

Larg. 12 cent.; haut. 9 cent.

METSYS (Quitin, dit le maréchal d'Anvers), *né à Anvers vers 1540, mort dans la même ville en 1529.*

155 — Études de têtes d'hommes, dont deux de face et une à gauche vue de profil ; au verso deux têtes de femmes, dont celle de droite vue de face et celle de

gauche vue des trois quarts et coiffée à la juive. Dessin à la mine de plomb sur papier apprêté d'une couche de blanc, dans le goût d'Holbein.

Larg. 21 cent., haut. 15 cent.

METZU (Gabriel), *né à Leyde en* 1615, *mort à Amsterdam vers* 1658.

156 — Vieille femme hollandaise faisant des beignets : elle est assise sur une chaise basse, et tournée vers la droite, le bras gauche tendu et dans l'attitude de mettre les beignets qu'elle tient à la main, dans la poêle. Étude au crayon noir sur papier teinté et rehaussé de blanc.

Haut. 25 cent., larg. 20 cent.

MICHEL-ANGE (Michel Agnolo Buonarotti), *né en* 1474, *mort à Rome en* 1564.

45 157 — * Le Père éternel. Étude de cinq figures pour la chapelle Sixtine. Dessin d'une plume hardie et au bistre.

Larg. 42 cent., haut. 27 cent.

40 158 — * Deux études de figures, dont une de vieille femme assise à droite, dirigée vers la gauche, sur le fût d'une colonne. Dessin à la sanguine.

Haut. 35 cent., larg. 25 cent.

270 159 — * Étude : une femme assise à droite, le corps tourné vers la gauche, et regardant à droite; auprès d'elle, deux jeunes enfants se jouent. Dessin au crayon. Cette étude nous semblerait être faite pour une sainte famille.

Haut. 31 cent., larg. 20 cent.

6.50 160 — Croquis à la sanguine de plusieurs figures drapées.

Larg. 27 cent., haut. 16 cent. 8 mill.

MIERIS (François Van), *né à Delf en 1635, mort à Leyde en 1681.*

161 — *Portrait de Mieris : il est assis vu jusqu'aux genoux, regardant joyeusement son verre qu'il tient élevé de la main gauche, et de la droite tient son chapeau sur son genou. Dessin au crayon légèrement lavé à l'encre de Chine. Au coin du haut, à droite, on lit : *F. V. Mieris*.

Haut. 17 cent., larg. 14 cent.

MURILLO (Bartholomé Esteban), *né à Séville en 1618, mort en 1682.*

162 — *Jeune fille espagnole vue jusqu'aux genoux : elle tient de sa main droite un panier de fruit. Dessin au crayon noir et blanc sur papier blanc. Les dessins de ce maître sont fort rares ; celui-ci vient de la collection de *Morel de Vindé*.

Haut. 42 cent., larg. 51 cent.

NANTEUIL (Robert), *né à Reims en 1630, mort à Paris en 1678.*

163 — Portrait du duc de Bouillon : il est représenté à mi-corps, vu de trois quarts, le regard de face, couvert d'une armure sur laquelle passe l'écharpe. Portrait dans un ovale, au bas duquel on lit : *R. Nanteuil, faciebat*, 1658. Précieux dessin à la mine de plomb : il vient de la vente du dernier *duc de Bouillon*, faite en 1812.

Haut. 12 cent., larg. 10 cent. 3 mill.

OMMEGANCK, *mort à Anvers le 18 janvier 1826.*

164 — *Paysage : au milieu du premier plan, un mouton et un bouc couchés, dirigés vers la gauche; du

même côté, sur un plan éloigné, un paysan monté sur un âne précédé d'un autre, et suivi d'un chien, passe à gué une rivière et se dirige vers une colline boisée. Au coin à droite, au dessous de larges plantes, *P. Ommeganck*. Dessin des plus capitaux de ce maître ; il est lavé à l'encre de Chine.

Larg. 31 cent., haut. 25 cent. 5 mill.

ORSI DA NOVELLARA (Lelio), *né en 1511, mort en 1587.*

165 — *Figure de femme nue, dont les mains et les pieds se terminent en feuilles d'ornements : elle est entourée de deux enfants, dont un sur son dos lui prend les cheveux. Dessin à la sanguine sur papier bleu. Les dessins de ce maître sont très rares.

Haut. 29 cent , larg. 22 cent. 5 mill.

OSTADE (Adrien Van), *né à Lubeck en 1610, mort à Amsterdam en 1685.*

166 — Les Joueurs de trictrac au milieu d'une chambre hollandaise ; autour d'eux sont quatre paysans, dont celui placé à droite au premier plan, assis sur un tabouret de bois, est vu par le dos, buvant dans un pot d'étain ; du même côté, près de la cheminée, une petite fille, et plus loin, vers le milieu, un garçon et une fille d'auberge causent au pied d'un escalier ; à gauche, dans le fond, un paysan sur le seuil d'une porte, au dessus de laquelle on lit, *A. V. Ostade*, 1677. Précieux dessin à la plume colorié à l'aquarelle, mêlé de gouache et riche d'accessoires.

Haut. 20 cent., larg. 16 cent.

167 — *Intérieur d'estaminet flamand ; au milieu de

la composition, deux paysans viennent de terminer une partie de carte, l'un se verse à boire, et l'autre cesse de fumer pour adresser la parole au garçon qui est devant lui; plus loin, à droite, trois paysans occupés à fumer près d'une cheminée; au fond, à gauche, trois autres paysans autour d'une table. Dessin riche de détail; il est à la plume et colorié.

Haut. 26 cent. 2 mill., larg. 22 cent.

168 — En avant d'une chaumière ornée d'une treille, des paysans dépècent un cochon; ils ont pour spectateurs un vieillard, une vieille femme portant un enfant et plusieurs enfants, de ce nombre une jeune fille en tient un dans ces bras; au fond, à droite, près d'une porte charretière, deux paysans et une paysanne jasent ensemble. Au coin du bas du même côté, on lit, *A. V. Ostade*, 1673. Dessin à la plume et colorié à l'aquarelle.

Haut. 19 cent., larg. 17 cent.

169 — Intérieur d'une chambre hollandaise, où quatre paysans autour d'une table boivent et fument; à droite, une femme assise, donnant la main à un enfant que l'on voit par le dos et à mi-corps. Dessin à la plume, lavé au bistre mêlé d'encre de Chine.

Haut. 15 cent. 8 mill., larg. 13 cent.

170 — La même composition que le précédent. Dessin sans aucun changement. On lit seulement à droite, sur le plancher d'un escalier, *A. V. Ostade*, 1677, et ce dessin est colorié à l'aquarelle, mêlé d'un peu de gouache.

Haut. 15 cent., larg. 12 cent.

171 — ✶ Paysan assis les mains croisées, un chapeau à large bord sur la tête. Dessin légèrement colorié.

Haut. 11 cent., larg. 6 cent. 6 mill.

172 — * Intérieur où cinq paysans assis autour d'une table à droite, boivent et fument; un sixième arrive de la gauche vers eux. Dessin à la plume, au bistre et à l'encre. Au coin à droite, *A. V. O.*
Larg. 15 cent. 3 mill., haut. 13 cent. 6 mill.

173 — Un fumeur vu de face, une pipe dans la main droite, la gauche appuyée sur le bras du fauteuil sur lequel il est assis. Dessin à la plume, légèrement colorié. Au coin à droite, *A. V. O.*
Haut. 8 cent., larg. 5 cent. 2 mill.

174 — * Chaumière hollandaise. Etude d'après nature. Dessin à la plume et au bistre, légèrement colorié.
Larg. 23 cent., haut. 16 cent. 2 mill.

OSTADE (Isaac Van), *né à Lubeck en* 1612.

175 — * Intérieur d'une étable, enrichie de divers accessoires; l'ouverture d'une porte frappe d'une vive lumière une vieille femme et un jeune garçon qui préparent la nourriture pour une vache, que l'on aperçoit près d'eux, vue par derrière. Dessin piquant d'effet à la plume et lavé au bistre.
Larg. 18 cent. 3 mill., haut. 15 cent.

PARMESAN (Francesco Mazzuola, dit le), *né à Parme vers* 1503, *mort en* 1540.

176 — Circé changeant en animaux les compagnons d'Ulysse, par les effets de ses breuvages. Dessin à la plume, lavé au bistre, sur papier bleu. Il a été gravé par J. Bonasone.
Haut. 24 cent. 5 mill., larg. 20 cent.

177 — * Un roi assis à droite sur un trône, la couronne sur la tête, prend de la main droite une grenade que lui offre un homme debout à gauche et vu par le

dos, et qu'accompagne plusieurs autres personnages, dont un guerrier le casque en tête. Dessin lavé au bistre et savamment rehaussé de blanc.
Haut. 28 cent. 5 mill., larg. 20 cent.

178 — Etude de femme, vue en pied, dirigée vers la gauche ; elle tient de ses deux mains une tablette blanche.
Haut. 15 cent., larg. 10 cent.

179 — Etude d'ange soulevant une draperie. Dessin à la plume, lavé au bistre et rehaussé de blanc. *Collections d'Arondel et Lagoy.*
Haut. 15 cent. 6 mill., larg. 10 cent. 3 mill.

PARROCEL (Joseph), *né à Brignole en 1648, mort à Paris en 1704.*

180 — *Le Passage du Rhin : à droite le roi à cheval, entouré de son état-major, se dirige vers la gauche où déjà une partie de l'armée passe le fleuve. Dessin à la plume, lavé au bistre et à l'encre, et rehaussé de blanc.
Larg. 40 cent., larg. 35 cent.

PERINO DEL VAGA (Bonaccorsi), *né à Florence vers l'an 1500, mort à Rome en 1547.*

181 — *Echelle de Jacob. Dessin à la plume et au bistre.
Larg. 89 cent. 5 mill., haut. 19 cent.

182 — *La Vierge, vue en pied, assise sur un siége antique, les bras autour de l'enfant Jésus debout à gauche, un pied sur son siége, l'autre sur le genou droit de la Vierge ; au haut deux anges tenant une couronne au dessus de la tête de la Vierge. Dessin à la plume, lavé au bistre et rehaussé. *Collection Jabac.*
Haut. 21 cent., larg. 13 cent. 6 mill.

183 — * La résurrection de Lazare. Composition de douze figures, dessin au bistre; il a aussi été attribué à Raphaël.

Larg. 26 cent. 6 mill., haut. 18 cent. 2 mill.

184 — * Les Augures, sujet tiré de l'Enéide. Beau dessin à la plume, lavé au bistre et rehaussé vigoureusement de blanc. Des *collections Arundell et Thomas Hudson*.

Haut. 23 cent., larg. 21 cent.

PERUGIN (Pietro Vanucci dit le), *né à Castel della Pieve di Perugia en 1446, mort en 1524. Il fut le maître de Raphaël.*

185 — * Etude de la Justice : elle est assise, le regard baissé et tourné à gauche, tenant de la main droite baissée un glaive, et de la main gauche élevée des balances. Dessin à la plume et au bistre. Au verso un autre dessin à la pierre noire, buste de vieillard à grande barbe, la tête chauve, vu de profil, le regard baissé vers la gauche.

Haut. 33 cent., larg. 20 cent.

POUSSIN (Nicolas), *né aux Andelys, en Normandie, en 1594, mort à Rome en 1665.*

186 — * Le sacrifice de Noé après sa sortie de l'arche. Composition de neuf figures. Dessin à la plume, lavé à l'encre de Chine.

Larg. 25 cent. 6 mill., haut. 18 cent.

187 — * Moïse sauvé des eaux. Riche composition de treize figures au premier plan, parmi lesquelles la figure allégorique du Nil se voit à droite, couchée à terre ap-

puyée sur un sphinx. Première pensée du tableau de ce maître au musée royal.
Larg. 23 cent. 2 mill., haut. 17 cent. 3 mill.

188 — Première pensée du sujet de la Verge d'Aaron. Composition de onze figures. Dessin lavé au bistre. *280*
Larg. 20 cent., haut. 15 cent. 8 mill.

189 — * Le Baptême, première pensée de l'un des sacrements. Dessin à la plume, lavé à l'encre de Chine. *160*
Larg. 23 cent. 6 mill., haut. 15 cent. 5 mill.

190 — L'enfance d'Hercule: étant encore au berceau, il étouffe les deux serpents que Junon avait envoyés contre lui; un autre enfant effrayé se sauve vers la gauche. Au coin à gauche on lit, *N. Poussin invenit et delineavit Parisiis*. Dessin à la plume, lavé à l'encre de Chine et de quelques teintes rougeâtres. Ce dessin a sans doute fait partie de ceux que le Poussin a fait pour faire exécuter dans la grande galerie d'Apollon au Louvre (1). *252*
Larg. 41 cent., haut. 20 cent.

191 — Dessin fait d'après le carton de Michel-Ange *91*

---

(1) Il dit dans une de ses lettres adressée au commandeur del Pozzo, datée de Paris 20 septembre 1641 : « J'ai fait commencer, d'après mes dessins, les stucs et les peintures de la grande galerie (du Louvre), mais avec peu de satisfaction (quoique cela plaise à ces.....), parce que je ne trouve personne pour seconder un peu mes intentions, quoique je fasse mes dessins en grand et en petit. Un jour, si Dieu me prête vie, je vous enverrai l'ensemble de l'ouvrage, espérant le mettre au net dans les soirées d'hiver. » *Voyez Collection de lettres de Nicolas Poussin,* Paris, Didot 1824, 1 vol. in-8.

Pesne a gravé plusieurs dessins de cette suite.

qui était à Pise. Dessin à la plume, au bistre et lavé à l'indigo.

Larg. 34 cent., haut. 22 cent.

103

192. — Le sommeil d'Ariane : la fille de Minos est couchée vers la gauche, du même côté, une nymphe va la couvrir avec une draperie ; à sa droite un faune danse en se dirigeant à droite précédé d'un Silène jouant de la flûte. Dessin à la plume, lavé au bistre.

Larg. 33 cent., haut. 21 cent.

140. Lasalle..

193 — La chèvre Amalthée : elle est à gauche, placée sur un tertre où est assis un satyre tenant une flûte des deux mains ; plus loin un therme contre lequel est appuyée une nymphe. Dessin lavé au bistre et vigoureusement rehaussé de blanc.

Haut, 28 cent., larg, 18 cent.

149-50

194. — Deux charmantes études prises en Italie, toutes deux représentant un pont traversant une rivière. Dessins à la plume, lavés au bistre, d'une touche fine et spirituelle. De la *collection Mariette*.

Larg. 15 cent., haut. 10 cent. 5 mill., chaque.

POLIDORE (Polidoro Caldara), né à *Caravagio vers* 1495, *mort en* 1543.

195 — * Les Saintes Femmes au tombeau : la Vierge à genoux, embrasse le corps mort de Jésus ; derrière elle Saint-Joseph, et près de lui au dessus du Christ une sainte femme les mains jointes ; à gauche, deux autres saintes femmes dont une à genoux aux pieds du Christ. Dessin au bistre et rehaussé de blanc.

Larg. 26 cent. 1 mill., haut. 21 cent. 1 mill.

196 — * Deux Études de femmes : celle à droite tient un paquet sur sa tête, et celle à gauche, placée en avant,

les jambes dans l'eau; le corps baissé, tire du chanvre de l'eau. Dessin à la plume, au bistre et lavé à l'indigo.

Haut. 23 cent., larg. 15 cent. 6 mill.

PORDENON (Giovanni Antonio Licino da Pordenone, dit le), mort vers 1540.

197 — Miniature sur vélin placée en tête d'un diplôme de gouverneur, donné par Pietro Landos, doge de Venise en 1538.

Haut. 23 cent., larg. 16 cent.

POTTER (Paul), né à Enkuissen en 1625, mort à Amsterdam en 1654.

198 — * Deux vaches au milieu du dessin et se dirigeant vers la gauche; à droite, au second plan, un arbre mort en avant d'une haie en planche; dans le fond à gauche un berger et son troupeau se dirigeant vers un village; au premier plan, du même côté, quelques plantes à larges feuilles. Dessin très terminé au crayon. Il a été gravé par Marc de Bye.   100 —

Larg. 23 cent.; haut. 15 cent. 8 mill.

199 — * Etude de cheval vu de profil, dirigé vers la droite. Dessin au crayon noir du *cabinet Lempereur*.   77. —

Larg. 15 cent. 6 mill., haut. 12 cent. 6 mill.

200 — * Etude de vache vue debout et dirigée vers la droite. Dessin au crayon noir.   26. 50

PRIMATICE (Francesco Primaticcio, surnommé l'abbé de Saint-Martin), né à Bologne en 1490, mort en France vers 1570.

201 — Etudes de figures mythologiques, représen-

tant la Terre, Minerve et Junon. Dessin au crayon noir, rehaussé de blanc.

Larg. 32 cent., haut. 21 cent. 2 mill.

PRUD'HON (Pierre-Paul), *peintre d'histoire, né à Cluny, département de Saône-et-Loire, le 6 avril 1760, mort à Paris le 16 février 1823.*

Ce maître reçut les premières leçons de son art à l'école de dessin de Dijon. Envoyé à Rome par les états de Bourgogne, il arriva dans la cité classique des beaux arts à l'âge de vingt-trois ans ; il choisit, pour étudier, les œuvres de Raphaël, de Léonard de Vinci, d'André del Sarto et du Corrége, et comme entraîné par le genre de son talent et la similitude de son génie, ce dernier maître surtout fut dans tous les temps l'objet de sa constante admiration : il y puisa ce talent précieux, le charme de ses compositions, la suavité de son pinceau, la grâce de ses attitudes, et l'expression fine et délicate de ses têtes, et qui lui méritèrent l'admiration de ses contemporains et l'épithète de *Corrège français*, qui, sans aucun doute, lui sera confirmée par la postérité.

202 — *Le séjour de l'Immortalité ; sur le devant, d'un côté, la Sagesse soulève le voile qui couvre la Nature aux yeux des différentes sectes philosophiques ; de l'autre, l'Astronomie ; près d'elle, au nombre des hommes qui ont le plus marqué dans les hautes sciences, on distingue Newton, Descartes, Galilée et Archimède ; plus haut, les poètes érotiques ; dans le fond, les poètes épiques et tragiques, et les peintres célèbres, accompagnés des Muses, entourent la déesse. On remarque parmi eux Homère, Virgile, Euripide, Sophocle, Cor-

neille, Racine, Michel-Ange, Raphaël, Le Corrège et Le Poussin. Dessin aux crayons noir et blanc sur papier bleu.

Composition dans une forme cintrée. Projet d'un tableau destiné à être placé dans une salle de distribution de prix à la Sorbonne. L'importance et la poésie de sa composition et sa parfaite exécution peuvent faire regarder ce dessin comme le plus capital dû au talent de ce savant artiste.

Larg. 54 cent., haut. 26 cent.

203 — *Première pensée de la Justice divine poursuivant le crime. Dans cette composition, qui est entièrement différente du tableau du Musée, la Justice, entourée de trois figures allégoriques, est assise sur un trône placé à droite; un ange conduit devant elle le meurtrier, qui cherche à lui échapper; le corps de sa victime est couché sur les marches du trône. Beau dessin au crayon sur papier bleu rehaussé de blanc.

Larg. 33 cent. 5 mill., haut. 23 cent.

204 — *Apothéose de Racine : son génie et Melpomène le mènent à l'immortalité. Dessin au crayon noir sur papier blanc et légèrement estompé. Ce dessin a été gravé pour le frontispice des OEuvres de Racine, édition in-fol. publiée par Firmin Didot.

Haut. 30 cent., larg. 20 cent.

RAPHAEL (Raffaelo Sanzio), né à Urbin en 1483, mort à Rome en 1520.

205 — *Quatre précieuses études à la plume et au bistre sur une même feuille : la première représente la sainte Vierge assise, l'enfant Jésus sur ses genoux; la seconde, l'enfant Jésus nu, assis, tenant un livre; la troisième, la sainte Vierge assise, vue de profil jusqu'aux

genoux, l'enfant Jésus dans ses bras (étude pour la Vierge à la Chaise); la quatrième, la Vierge debout, vue à mi-corps, faisant lire l'enfant Jésus, placé en avant, assis sur un coussin. Un riche lointain orne cette charmante composition inédite. Au dessous de cette dernière étude, un croquis de plusieurs fabriques, et sur le bord gauche, la figure de l'enfant Jésus vue de trois quarts. Ce rare et précieux dessin provient des collections *Crozat* (1) *et Lagoy*; il a été lithographié par ce dernier amateur.

Haut. 25 cent, larg. 17 cent. 4 mill.

206 — Étude de figures nues pour une Sainte Famille. D'un côté la Vierge assise, l'enfant Jésus sur son genou; vis-à-vis, saint Jean debout devant sainte Anne, que l'on voit à genoux derrière lui; plus loin à gauche, dirigé à droite, saint Joseph courbé, appuyé sur un bâton. Beau et rare dessin tracé légèrement à la plume. Au verso de ce dessin, une étude d'homme et quelques croquis d'études à la plume.

Haut. 30 cent., larg. 20 cent.

207 — Étude d'homme nu, vu en pied par le dos, et les bras croisés. Au verso, une autre étude d'homme

---

(1) Mariette, dans le catalogue des dessins de ce célèbre amateur, dit : « M. Crozat, grand admirateur de ce peintre, à qui l'on a osé décerner le nom de *Divin*, s'était donné de grands soins pour en recueillir de tous côtés; mais le cabinet qui lui en a fourni le plus grand nombre a été celui de MM. de Viti d'Urbin. Ils conservaient précieusement ceux que Thimotée, un de leurs ancêtres, qui avait travaillé avec succès sous Raphaël, avait transporté à Urbin, lorsqu'il s'y était retiré. Ces dessins de MM. Viti sont presque tous à la plume; quoiqu'assez légèrement faits, on y remarque une certitude qui ne laisse rien à désirer pour la fidélité du trait, ni même pour celle de l'expression. »

assis, vu de profil, dirigé vers la gauche. Dessins à la plume et au bistre.

Haut. 34 cent., larg. 14 cent.

208 — *Étude d'une tête de jeune homme vu de trois quarts, la tête et le regard un peu penchés vers la droite. Dessin au crayon noir. Étude pour les fresques du Vatican. Au coin du bas, à droite, les lettres *R. V.* 50

Haut. 24 cent. 6 mill., larg. 18 cent.

RAPHAEL (D'après).

209 — *Le couronnement de Charlemagne. Composition d'une des fresques du Vatican. Dessin lavé à l'encre de Chine et au bistre et rehaussé de blanc; il manque de conservation. 24

Larg. 56 cent., haut. 37 cent. Cintré.

REMBRANDT (Paul), dit Van Ryn, *né dans un moulin, près de Leyde, en 1606, mort à Amsterdam en 1674.*

210 — *Calvaire : le Christ attaché à la croix, au pied de laquelle sont les saintes femmes; elle est placée vers la droite au milieu des deux larrons, dont on ne voit que celui de sa droite. A droite, au second plan, des soldats, dont plusieurs armés de lances se voient par le dos. Dessin capital, lavé au bistre et à l'encre de Chine, avec plusieurs corrections faites au blanc, selon l'usage de Rembrandt. 266

Haut. et larg. 25 cent. Carré.

211 — Études de têtes et de l'homme coiffé d'un turban et vêtu à l'orientale, pour le sujet de la Descente de Croix, que Rembrandt a gravé lui-même à l'eau-forte. Ce curieux et beau dessin est à la sanguine. 20

Larg. 20 cent. 6 mill., haut. 16 cent. 5 mill.

212 — *Histoire de Joseph.*

1 — Joseph raconte ses songes.
2 — Joseph est descendu dans la citerne.
3 — Joseph est vendu à des marchands ismaélites.
4 — Jacob s'afflige à la vue de la robe de Joseph qu'il croit mort.
5 — Chasteté de Joseph.
6 — La femme de Putiphar accuse Joseph devant son mari.
7 — Joseph dans la prison.
8 — Joseph explique les songes de Pharaon.
9 — Joseph, gouverneur d'Égypte.
10 — Joseph est reconnu par ses frères.

Plusieurs de ces sujets arrêtés à la plume, les ombres avec des hachures soutenues d'un lavis au bistre; les autres, au simple trait à la plume, lavés à l'encre ou au bistre.

Ces dessins, d'une touche facile et expressive, ne sont pas moins recommandables par les beaux effets et l'entente du clair obscur, que par le feu et l'esprit dont Rembrandt semble avoir animé ses ouvrages. Cette superbe suite de compositions sur l'histoire de Joseph est connue par les gravures à l'eau-forte qu'en a faites le comte de Caylus, et qui ont été publiées à Amsterdam en 1757, chez Jean Neaulme, in-4°, et que nous joignons au dessin.

Haut. 21 cent., larg. 16 cent., chaque.

213 — * La mère de Rembrandt : elle est assise, vue jusqu'aux genoux, le corps de profil tourné vers la gauche; elle dort, ses mains sur ses genoux; de la droite tenant des lunettes, et de la gauche un livre entr'ouvert. Beau dessin lavé au bistre. De la *collection Denon*.

Haut. 16 cent. 2 mill., larg. 15 cent. 2 mill.

214 — Portrait de René Descartes ; il est vu à mi-

corps, tourné de profil vers la gauche, et regarde de face; il est vêtu d'un manteau, et porte sa main droite sur sa poitrine. Portrait dans un encadrement ceintré du haut. Dessin lavé vigoureusement au bistre. De la *collection Goole*.

Haut. 17 cent., larg. 13 cent.

215 — Un médecin tâtant le pouls à une femme malade, et qui est couchée à droite; à gauche, derrière le médecin, un espèce de rabbin debout, les mains croisées. Croquis à la plume et au bistre. — 19.50

Larg. 13 cent. 6 mill., haut. 12 cent.

216 — La femme de Rembrandt: elle dirige ses pas vers la gauche, et descend un escalier; elle tient de la main droite un seau, et relève sa robe de la gauche. Croquis à la plume et au bistre. — 14.50

Haut. 17 cent. 6 mill., larg. 14 cent.

217 — Tête de vieillard à grande barbe blanche, coiffée d'une toque, vue de trois quart, dirigée vers la gauche. Autre tête de vieillard à barbe blanche et front chauve, vue de face. Autre tête d'homme à front chauve, barbe courte, vue de profil, dirigée vers la droite. Trois croquis à la plume et au bistre : on y a joint les trois gravures à l'eau-forte faites par Norblin, d'après ces dessins. — 22

Haut. 10 cent., larg. 8 cent. Le troisième ne porte que 8 cent. de haut.

218 — * Vieillard assis près d'une cheminée; debout derrière lui, une vieille femme lui adresse la parole. Dessin à la plume et au bistre. — 15

Larg. 11 cent. 9 mill., haut. 10 cent.

219 — Vieillard vu à mi-corps, assis tourné vers la gauche; il lit dans un livre placé sur une table devant lui, et est éclairé par une lumière cachée à gauche par — 26

74

un rideau, dans le fond du même côté des sphères. Dessin à la plume lavé au bistre.

Haut. 12 cent. 5 mill., larg. 10 cent.

5¹   220 — Un patriarche, vêtu d'une robe bordée de fourrures; il tient de la main droite un bâton passé entre ses jambes, à sa gauche une vieille femme, bizarrement accoutrée, a le bras gauche appuyé sur le fauteuil où est assis le vieillard. Au coin à gauche, on lit, Rembrandt. Dessin lavé au bistre. *Collection Nyon.*

Haut. 16 cent., larg. 13 cent. 7 mill.

3¹   221 — Un vieillard, vêtu et coiffé à l'orientale, est conduit par un enfant qui est à droite; un autre personnage, qui est à gauche, lui donne aussi la main; dans le haut à gauche, une tête de vieillard. Croquis à la plume et au bistre.

Larg. 21 cent., haut. 15 cent.

14.50
revendu
en 1882

222 — Un jeune garçon dirigeant ses pas vers la gauche; il tient de la main gauche un fouet, et la main droite élevée semble indiquer quelque chose. Croquis à la plume et au bistre.

Haut. 18 cent. 6 mill., larg. 10 cent. 5 mill.

69   223 — * Vieillard à grande barbe et tête chauve; il est assis et vu de profil jusqu'aux genoux. On lit au milieu du côté gauche, R. 1629. Dessin à la sanguine.

Haut. 15 cent. 6 mill., larg. 14 cent. 8 mill.

8.50   224 — La nourrice; elle est endormie, le dos renversé sur un fauteuil; elle tient sur elle un enfant au maillot aussi endormi. Croquis à la plume et au bistre.

Larg. 12 cent. 5 mill., haut. 10 cent. 5 mill.

100
revendu
en 1845

225 — Lion couché dirigé vers la gauche; la queue que l'on voit à droite semble nous indiquer que cette étude a été commencée lorsque l'animal était debout,

et s'étant couché presque aussitôt, il a été repris dans cette attitude. Dessin à la plume, lavé au bistre.
Larg. 17 cent., haut. 8 cent. 4 mill.

19-89

226 — Etude d'après nature de lion couché; il est dirigé vers la gauche, les deux pattes de devant étendues. Croquis à la plume et au bistre de la *collection Lagoy*.
Larg. 17 cent., haut. 10 cent.

189.50

227 — Cabane de pêcheurs au bord d'une rivière où se voient plusieurs bateaux dont un est sur terre; des hommes sont occupés à le réparer. Dessin à la plume sur papier de couleur.
Larg. 17 cent. 7 mill., haut. 8 cent. 5 mill.

38.50

228 — *Vue d'un canal de Hollande: il occupe le devant du milieu de l'estampe et est traversé par un pont de bois avec garde-fous conduisant d'un côté à une route bordée d'arbres, laissant sur la gauche une habitation champêtre; dans le fond on aperçoit les toits et clocher indiquant le voisinage d'une ville. Dessin lavé au bistre.
Larg. 30 cent. 4 mill., haut. 19 cent. 4 mill.

85.50

229 — Paysage: à droite une route bordée à gauche par des marécages, et qui conduit à un village dont on voit les premières maisons; au second plan, dans le fond, à gauche, on aperçoit la ville d'Amsterdam. Dessin à la plume, lavé au bistre, qui rappelle les charmants paysages que Rembrand a gravés à l'eau-forte. De la *collection Zoomers*.
Larg. 18 cent., haut. 10 cent. 5 mill.

80.50

230 — Vue d'une ancienne église. Au milieu du bas on lit, *Rembrandt, f. 1640*. Croquis à la plume et au bistre.
Larg. 29 cent. 6 mill., haut. 18 cent. 6 mill.

RIBERA, *dit* L'ESPAGNOLET *(*José ou Jusepe *de)*, *né à San Félipe de Xataria, près Valence, en Espagne, en 1588, mort à Naples en 1649.*

231 — Un homme, la tête en bas, est attaché par les pieds et les mains à un tronc d'arbre placé à droite; un Amour vers le haut va le foueller avec des verges qu'il tient de chaque main. Dessin à la plume, lavé au bistre. *Collection Lagoy.*

Haut. 23 cent. 5 mill., larg. 18 cent.

ROMANELLI (Giovanni-Francesco), *né à Viterbe en 1617, mort en 1662.*

232 — * Agar renvoyée par Abraham : le patriarche placé à gauche intime à Agar à genoux devant lui l'ordre du départ. Dessin à la plume lavé au bistre et rehaussé de blanc.

Haut. 15 cent.; larg. 10 cent. 4 mill.

ROMEYN (Guillaume Van) *florissait vers 1650.*

233 — Un troupeau de vaches et chèvres, dont une partie en repos dans diverses attitudes, au premier plan; l'autre partie ainsi que les bergers au bord opposé d'une rivière qui s'étend dans toute la largeur de la composition, et sur lequel se voit diverses habitations, dont plusieurs en ruines. Dessin au crayon noir, lavé à l'encre de Chine. Au coin à gauche on lit, *V. Romeyn.*

Haut. 39 cent, larg 30 cent.

RONCALLI, *dit* LE POMERANCE (Cristofano), *né à Pomérance en 1552, mort à Rome en 1626.*

234 — * Une balance dans laquelle se trouve au côté

droit les insignes et les couronnes, mitres, etc., de la royauté, du pape, des cardinaux et des évêques ; et dans l'autre, une tête de mort et des ossemens, lesquels l'emportent encore dans la balance qui est soutenue par un bras cuirassé qui se voit dans les nues. Dessin lavé à l'encre rehaussé d'or et sur papier teinté. *Collection Morel de Vindé*

Haut. 27 cent., larg. 20 cent. 5 mill.

ROOS (Jean-Henri), *né à Otterberg en 1631, mort à Francfort en 1685.*

235 — A une fontaine formée de vestiges et ruines d'anciens monumens, des Bohémiens se reposent ; l'un d'eux fait boire son cheval sur lequel il est monté ; à sa droite, aussi à cheval, une femme tenant son enfant dans ses bras ; plus loin vers le fond à gauche, le restant de la troupe ; à droite un jeune garçon retient deux chiens en laisse, tandis qu'un autre boit à même une cruche. Au coin de ce côté sur le piédestal d'une colonne, on lit, *H. Roos, fecit* 1666. Dessin à la plume et au bistre, lavé à l'encre de Chine.

Larg. 40 cent. haut. 31 cent.

ROSSO (Il), connu sous le nom de Maître Roux, *né à Florence en 1496, mort à Fontainebleau en 1541.*

236 — Dessins de Gibecières du XVIe siècle, richement ornées, avec médaillons et cartouches représentant des sujets de la fable, plusieurs érotiques. Dessins à la plume et au bistre.

Larg. 18 cent. 5 mill., haut. 13 cent. 3 mill., chaque.

RUBENS (Pierre-Paul), né à Cologne en 1577, mort à Anvers en 1640.

237 — * La Sainte Cène, dessin lavé au bistre et rehaussé de blanc, d'après le tableau de Léonard de Vinci. Ce dessin n'est pas entièrement terminé, on n'y voit pas les pieds des personnages sous la table.
Larg. 68 cent., haut. 22 cent.

238 — Lion couché et dirigé à gauche, belle étude d'après nature, à plusieurs crayons sur papier teinté.
Larg. 22 cent. 6 mill., haut. 18 cent.

239 — * Mariage de Henri IV avec Marie de Médicis, accompli à Lyon le 9 décembre 1600 : la ville de Lyon, assise sur un char traîné par des lions, lève ses regards vers le ciel et admire les nouveaux époux qui y sont représentés sous les traits de Jupiter et Junon; l'Hymen est auprès d'eux et indique d'une main la constellation de Vénus, sous laquelle ce mariage a été célébré.

Composition d'un des tableaux de la galerie du Luxembourg, actuellement au Musée royal. Beau dessin à la plume, lavé d'encre et de bistre, du *cabinet Morel de Vindé*.
Haut. 35 cent., larg. 26 cent.

RUISDAEL (Jacques), né à Harlem vers 1640, mort en 1681.

240 — * Vue d'un village de Hollande, à droite sur le bord d'une rivière; à gauche, au premier plan, une berge où se voit un chemin, bordé par des arbres dont le principal occupe le milieu de la composition; dans le fond, du même côté, un pont avec garde-fous,

et dans le coin du bas, le chiffre du maître. Dessin au crayon, lavé à l'encre de Chine.

Larg. 20 cent., haut. 14 cent. 5 mill.

241 — Vue de l'entrée d'un village de Hollande, au bord d'une petite rivière; à gauche, au premier plan, deux grands arbres dont les rameaux s'étendent jusqu'au bord du haut de la composition. Dessin au crayon et lavé à l'encre de Chine.

Larg. 28 cent., haut. 18 cent.

242 — Deux grands chênes et un tronc d'arbre renversé sur une berge qui est à gauche, au bord d'une rivière qui arrive du fond en passant sur le devant, à droite, au milieu de roseaux. On lit sur le coin, à gauche, *Ruysdael*. Précieux dessin à la plume, légèrement colorié sur vélin (1).

Larg. 18 cent. 8 mill., haut. 14 cent. 5 mill.

SAFT-LEVEN (Corneille), *né en Hollande vers 1612.*

243 — Vieille femme assise, dirigée vers la gauche; elle tient une béquille de ses deux mains; du même côté, un petit chien près d'elle. Au-dessus le chiffre du maître et l'année 1677. *Collection Lagoy.*

Haut. 16 cent., larg. 14 cent. 5 mill.

SALVIATI (Francesco de), *né à Florence en 1510, mort en 1563.*

244 — Études à la plume et au bistre de trois fi-

---

(1) Ce dessin est sans doute celui qui lui a servi pour la petite estampe qu'il a gravé à l'eau-forte en 1649, décrite par Bartsch, sous le titre des Trois Chênes, et qui représente à peu près la même composition, et qui est en contre-partie de ce dessin.

gures vues à mi-corps. Dessin érotique. Des *collections Mariette, Zoomers et Lagoy.*
Haut. 17 cent., larg. 15 cent.

SEBASTIEN del PIOMBO (Fra Bastiano Luciano), *né à Venise en 1485, mort en 1547.*

245 — *Etude pour une flagellation de Notre Seigneur : trois figures, le Christ, attaché à une colonne, est fouetté par deux bourreaux armés de verges. Ces deux figures sont entièrement nues. Dessin à la plume et au bistre. De la *collection de Nathaniel Hone.*
Haut. 7 cent. 7 mill., larg. 6 cent. 6 mill.

SUANEVELT (Herman), dit Herman d'Italie, *né à Woerden en 1620, mort à Rome en 1690.*

246 — *L'Ange conduisant Tobie à la fontaine : ces deux personnages, au milieu d'une route, se dirigent, à gauche, vers un ruisseau bordé par des roseaux et des massifs d'arbres; à droite, un gros arbre dont on ne voit en partie que le tronc. Dessin au bistre. De la *collection Lagoy.*
Larg. 19 cent. 10 mill., haut. 12 cent. 2 mill.

247 — Riche paysage, dont la droite est occupée par de beaux arbres près desquels sont un homme couché, près de lui un lion, et plus loin un âne; la gauche, par une rivière serpentant au pied de rochers sur lesquels se voient diverses fabriques, et surmonté de collines boisées. On lit au coin, à droite, *H. V. Suanevelt, Roma, 1656.* Très beau dessin, très terminé, à la plume et lavé au bistre, qui nous rappelle les eaux-fortes si spirituelles de ce digne émule du Claude.
Larg. 30 cent. 5 mill.; haut. 21 cent.

248 — Deux charmants petits paysages ornés de fi- *45.*
gures. Dessin à la plume, lavé au bistre et à l'encre de
Chine.

Larg. 16 cent., haut. 10 cent. 8 mill., chaque.

STEEN (Jean), *né à Leyde en* 1636, *mort à Delft en*
1689.

249 — La Crèche : la Vierge, placée à gauche, dé- *36*
veloppe les langes dont est entouré l'enfant Jésus, et
dont saint Joseph soulève le bras de sa main droite, et
de l'autre tient une lanterne dont il éclaire le groupe
principal. Dessin à la plume, au bistre, et lavé à l'encre
de Chine; piquant d'effet.

Larg. 21 cent., haut. 19 cent.

250 — *Le Roi boit : dans l'intérieur d'une chau- *72*
mière une goguette faite par une famille qui, autour
d'une table servie, exprime sa joie en voyant boire le
roi de la fève; une femme, assise vers la droite, près
d'une cheminée où elle fait des beignets, prend part
à la joie générale, ainsi que des enfans qui dansent en
rond dans le fond à gauche. Dessin à la plume lavé
au bistre. De la *collection Morel de Vindé.*

Larg. 31 cent. 8 mill., haut. 19 cent. 8 mill.

251 — Un Charlatan débite ses drogues dans un *176*
village : de tous côtés il lui arrive des infirmes, à droite
un malade traîné dans une brouette, à gauche un homme
avec des béquilles et une jambe de bois. Au coin à droite
on lit, *J. Steen.*

Larg. 58 cent., haut. 23 cent.

TENIERS (David) le jeune, *né à Anvers en 1610, mort à Bruxelles en 1694.*

252 — Etudes de onze petites figures et deux chiens. Dessin au crayon, à la plume et au bistre.

Haut. 23 cent., larg. 18 cent.

TERBURG (Gérard), *né à Zwol en 1608, mort à Deventer en 1681.*

253 — Jeune dame hollandaise : elle est assise vue de face, tenant une lettre de ses deux mains. Beau et rare dessin lavé au bistre. De la *collection Lagoy.*

Haut. 33 cent., larg. 23 cent. Cintré du haut.

TIARINI (Alessandro), *né à Bologne en 1577, mort en 1668.*

254 — * L'extase de saint François : le saint est à gauche, à genoux devant la Vierge sur les nues, l'enfant Jésus debout appuyé sur ses genoux, tenant un chapelet de la main droite et donnant son pied à baiser à un autre saint à genoux un peu plus loin. Dessin au bistre et rehaussé de blanc. De la *collection Mariette.*

Haut. 31 cent., larg. 25 cent.

TITIEN (Tiziano Vecellio, dit le), *né à Cadore en 1477, mort de la peste en 1576.*

255 — * Repos en Egypte : la Vierge assise dans une campagne, tenant l'enfant Jésus sur ses genoux; le petit saint Jean à gauche tenant une croix; à droite, à l'entrée d'un bois, saint Joseph chassant son âne devant lui. Dessin à la plume et au bistre.

Larg. 38 cent., haut. 23 cent.

256 — Paysage : à gauche, au pied d'une éminence

sur laquelle se voit plusieurs arbres, deux bergers et plusieurs moutons. Dessin à la plume et au bistre. Du *cabinet Lagoy*.

Haut. 25 cent., larg. 18 cent.

VANNI (Francesco), *né à Sienne en 1565, mort vers 1610.*

257 — *Apparition à saint François : la Vierge, dans une gloire, vient de remettre l'enfant Jésus dans les bras de saint François, qui est à genoux à droite; à gauche, assis sous un rocher, un autre saint cénobite tenant une tête de mort de la main droite. Dessin à la sanguine et rehaussé sur papier teinté.

Haut. 26 cent., larg. 21 cent.

VASARI (Giorgio), *peintre-architecte, né à Arezzo, en 1512, mort en 1574.*

258 — L'Ascension de la Vierge. Composition de vingt-quatre figures, entourée d'une décoration architecturale. Dessin à la plume et lavé au bistre, et colorié dans les frises d'enfants et cariatides de femmes qui ornent le dessin. *Du recueil de Vasari* (1).

Larg. 56 cent., haut. 39 cent., y compris l'entourage.

VELDE (Willem Van den), *né à Leyde en 1610, mort en 1693.*

259 — *Marine : plusieurs barques à la voile. Dessin à la plume et au bistre spirituellement touché.

Larg. 12 cent. 6 mill., haut. 10 cent. 2 mill.

260 — Une Flotte en rade, composé de quatre bâtiments de guerre, dont les plus rapprochés du premier plan sont vus dirigés vers la gauche; au coin, à droite, une chaloupe monté de six hommes, dont deux rament

---

(1) Vasari lui-même se plaisait à orner les dessins composant sa collection d'un encadrement d'architecture.

vers la gauche. Au coin à gauche, le chiffre du maître. Précieux dessin d'une grande finesse d'exécution, à la plume, au bistre, lavé à l'encre de Chine.
Larg. 27 cent. 5 mill., haut. 17 cent.

261 — Marine : au premier plan deux barques; en avant de la plus grande, deux hommes se dirigent vers la droite, ayant de l'eau jusqu'à mi-jambe; dans le fond plusieurs barques à la voile, et à droite une plage où se voit des cabanes de pêcheurs. Précieux dessin lavé à l'encre de Chine.
Larg. 22 cent., haut. 13 cent. 5 mill.

262 — *Vue de mer où naviguent plusieurs vaisseaux dont le principal est à gauche et vient de lancer à la mer une chaloupe où se compte cinq hommes. Dessin lavé à l'encre de Chine.
Larg. 20 cent., haut. 15 cent.

VELDE (Adrien Van den), *né à Amsterdam en 1639, mort en 1672.*

263 — *L'apparition aux bergers : l'ange descend du ciel se dirigeant vers la droite, le rayon de lumière qui l'entoure éclaire une partie des animaux qui se voyent du même côté, et en avant desquels sont deux bergers effrayés de la vision, dont un tombe à genoux et l'autre s'enfuit en joignant les mains; à gauche, sous une tente et dans l'ombre, des bergers couchés et une vache aussi couchée au premier plan. De la *collection Lagoy*.
Larg. 20 cent., haut. 17 cent.

264 — Mercure endormant Argus: tous les deux sont assis au pied d'un arbre qui est vers la gauche; un peu plus loin, un mouton et deux vaches, dont une boit à un ruisseau qui baigne le pied d'un saule qui est à droite.

Au bas, dans l'eau vers la gauche, on lit, *A. V. Velde, f. 1660.* Dessin lavé au bistre.
Larg. 15 cent., haut. 10 cent. 5 mill.

265 — *Etude de vache couchée et dirigée vers la droite. Dessin au crayon noir rehaussé de blanc sur papier bleu.
Larg. 16 cent. 2 mill., haut. 9 cent. 5 mill.

266 — *Etude de vache dirigée vers la gauche : elle est vue de profil et paissant; plus loin, à gauche, deux moutons, dont un couché. Dessin à la sanguine d'une des trois vaches qu'il a gravées à l'eau-forte. *Il vient du cabinet de M. de Boissieu.*
Larg. 16 cent., haut. 8 cent. 6 mill.

267 — Une feuille d'étude de petites figures, dont trois hommes et seize têtes de chiens, et chiens entiers dans différentes attitudes; à plusieurs de ces animaux une explication en hollandais. Dessin à la sanguine.
Larg. 16 cent. 6 mill., haut. 12 cent.

VELDE (Jean Van den), *né à Leyde, vivait encore en 1679.*

268 — Intérieur hollandais, où, vers la gauche, se voient plusieurs paysans et paysannes, et leurs enfants, assis à une table posée sur des tonneaux. A droite, au delà d'une cheminée, une femme couchée dans un lit à rideaux semble indiquer une accouchée et un repas de baptême. Au bas, vers la gauche, on lit, *J. V. V., fecit. 1657.*
Larg. 31 cent., haut. 19 cent. 5 mill.

VERNET (Antoine-Charles-Horace, dit Carle), *né à Bordeaux en 1758, mort à Paris en 183...*

269 — *Passage du mont Saint-Bernard : un régi-

ment de hussards dirigeant sa marche vers la droite, et dont les soldats sont descendus de dessus leurs chevaux, pour traverser les montagnes couvertes de neige. Dessin colorié. Au coin à gauche, *C. Vernet.*

Larg. 58 cent., haut. 43 cent.

VÉRONÈSE (Paolo Caliari, dit Paul), *né à Vérone en 1530, mort en 1588.*

270 — *Départ des croisés pour la Terre-Sainte. Composition capitale d'un grand nombre de figures. Beau et capital dessin, vigoureusement lavé au bistre. *Collections Charles Ier et Lagoy.*

Larg. 42 cent., haut., 27 cent.

VISSCHER (Corneille de), *né en Hollande vers 1610.*

271 — Vieille représentée assise, dirigée à droite, regardant vers la gauche, où de ce côté est un chat. A droite, près d'elle, un rouet et un fuseau. Au coin du haut, du même côté, on lit, *Corn. Visscher, fecit.* Dessin au crayon, sur vélin; étude pour l'estampe gravée par C. Visscher et connue sous le nom de la Fricasseuse. De la *collection Ploos Van Amstel.*

Haut. 37 cent., larg. 29 cent.

272 — *Portrait d'homme vu presque jusqu'aux genoux, le regard de face, couvert d'un manteau; il tient un chapeau de sa main gauche, et de la droite semble indiquer un objet. A gauche, près d'une colonne recouverte par un rideau, on lit, *C. Visscher, fecit.* Beau dessin à la pierre d'Italie, sur vélin. De la *collection Lagoy.*

Haut. 27 cent., larg. 21 cent.

273 — Portrait de la mère de Visscher; elle est re-

présentée vue de trois quarts, tournée vers la gauche. Au coin du haut, à droite, on lit, *C. de Visscher, fecit.* Dessin à la pierre noire, sur vélin.

Haut. 17 cent., larg. 12 cent. 5 mill.

274 — La jeune Flamande : elle est à mi-corps, vue de trois quarts, dirigée vers la gauche. On lit à droite, à mi-hauteur, *A. 1653, C. Visscher, f.* Dessin au crayon noir, de forme ovale. Il est gravé à la manière du crayon par Vangelisty.

Haut. 20 cent., larg. 15 cent.

VITEL (Gaspard Van), dit Gasparo Degli Occhiali; *florissait vers* 1690.

275 — *Paysage : au milieu du dessin, sur une colline, au bord de la mer, un temple vers lequel se dirigent diverses figures, dont des sacrificateurs conduisant un bœuf; à droite au premier plan, deux pins; l'horizon est borné par la mer et des montagnes. Dessin colorié à l'aquarelle.

Larg. 41 cent., haut. 27 cent.

VOLIGNY (De), *dessinateur français en* 1699.

276 — Portrait de Pomponne de Reffuge, chevalier de Saint-Louis, lieutenant général des armées du roi, gouverneur de Charlemont. Dessiné à la plume, par de Voligny, en 1699. Ce dessin sur vélin est l'imitation la plus parfaite que l'on puisse faire d'une gravure au burin, avec la plume : l'œil exercé peut à peine en faire la différence.

Haut. 22 cent. 5 mill., larg. 17 cent.

WILLE (Jean George), *habile graveur au burin, né à Kœnisberg en* 1715, *mort à Paris en* 1807.

277 — Croquis de trois mendiants. Dessin à la

plume et coloriée. Dans le haut on lit, *Dessiné par J. G. Wille, dans la 91ᵉ année de son âge, 1806.*
Larg. 13 cent. 5 mill., haut. 10 cent. 5 mill.

278 — Une feuille de croquis de têtes grotesques. Dessin à la plume. On lit au bas à droite, *J. G. Wille a fait ces mines par plaisanterie, à 94 ans, 1808 ; à gauche, Donné à M. Dufresne.*
Larg. 29 cent., haut. 21 cent.

ZUCCARO (Taddeo), *né en 1509, mort en 1566.*

279 — Jésus guérissant les malades. Dessin à la plume, lavé au bistre et rehaussé de blanc, sur papier bleu.
Larg. 41 cent., haut. 29 cent.

280 — * Le baptême de Constantin. Composition de quinze figures. Dessin lavé au bistre et rehaussé de blanc sur papier bleu.
Haut. 42 cent., larg. 32 cent. 5 mill.

ZUCCARO (Fréderigo), *né en 1543, mort en 1609.*

281 — Cérémonie sur la place Saint-Marc, à Venise : Dessin à la plume lavé au bistre.
Larg. 42 cent., larg. 29 cent. 4 mill.

282 — ANONYME ANGLAIS. Un croquis à la sépia. Vue de Salisbury.
Larg. 38 cent., haut. 8 cent.

ROSSIGNOL, *maître écrivain.*

283 — Une feuille d'Écriture sur vélin, quinze lignes en petite bâtarde, entourée de traits, et signé, R. S. Rare.
Haut. 33 cent., larg 25 cent.

Imprimerie et Lithographie de Maulde et Renou, rue Bailleul, 9-11.

FEUILLE DE VACATION.

VENTE

DES

BRONZES ANTIQUES,

CURIOSITÉS, BEAUX TABLEAUX

ET *DESSINS ORIGINAUX*,

DES GRANDS MAITRES

DES ÉCOLES ITALIENNE, ALLEMANDE, FLAMANDE, HOLLANDAISE ET FRANÇAISE,

Composant le cabinet de M. N. R***,

HOTEL DE VENTES,

RUE DES JEUNEURS, 16,

Par le ministère de M⁰ BONNEFONS DE LAVIALLE, Commissaire-Priseur, rue de Choiseul, n. 11,

Et sous la direction de MM. ROUSSEL et DEFER, Experts.

EXPOSITION PUBLIQUE

Les Samedi 26, Dimanche 27 et Lundi 28 Mars 1842, de midi à cinq heures.

1ʳᵉ VACATION. — *Mardi 29 mars.*

BRONZES ANTIQUES ET OBJETS DE CURIOSITÉ,

du n. 1 à 58.

2ᵐᵉ VACATION. — *Mercredi 30 mars.*

DESSINS.

282 — *Anonyme anglais.* Vue de Salisbury.
283 — *Rossignol.* Une feuille d'écriture.
277 — *Wille.* Croquis.
278 — — dito.
257 — *Vanni.* La Vierge et saint François.
254 — *Tiarini.* L'extase de saint François.
245 — *Sébastien del Piombo.* Flagellation.
243 — *Saft-Leven.* Vieille femme.
232 — *Romanelli.* Agar renvoyée.
231 — *Ribera.* Homme attaché à un arbre.
176 — *Parmesan.* Circé.
177 — — Un roi sur son trône.
178 — — Etude de femme.
179 — — Etude d'ange.
180 — *Parrocel.* Passage du Rhin.
195 — *Polydore.* Christ au tombeau.
196 — — Deux femmes.
21 — *Baroche.* Dieu dans sa gloire.
22 — *Beccafumi.* Moïse.
35 — *Van Bergen.* Deux vaches. Deux dessins.
36 — — La bergère et son troupeau.
37 — — Le troupeau.
38 — *Benvenuto Cellini.* Un miroir, sur vélin.
60 — *Champaigne.* Saint Bruno et ses compagnons.
83 — *Drouais.* Festin de Damoclès.
126 — *Holbein.* Portrait de Jean de Tritemi.
153 — *Massacio.* Le massacre des Innocents.

261	162 —	*Murillo.* Jeune fille espagnole.	
196	185 —	*Pérugin.* La Justice.	
	98 —	*Claude le Lorrain.* Repos en Egypte.	340
	99 —	— Mercure endormant Argus.	201
	100 —	— Paysage.	250 259
	101 —	— Soleil couchant.	
460	102 —	— Les pêcheurs.	
	103 —	— Etudes de vaisseaux. Deux dessins.	100
	104 —	— Etudes de vaisseaux. Deux dessins.	60
	105 —	— Etude d'arbres.	42
	276 —	*De Voligny.* Portrait de Pomponne.	40
	275 —	*Van Vitel.* Paysage.	
	125 —	*Hobbema.* Paysage : effet de neige.	184 50
205	163 —	*Nanteuil.* Portrait du duc de Bouillon.	
	194 —	*N. Poussin.* Deux études de paysages.	149 50
300	187 —	— Moïse sauvé des eaux.	
	188 —	— Verge d'Aaron.	280
	190 —	— Enfance d'Hercule.	252
	191 —	— Carton de Pise.	21
14	186 —	— Le sacrifice de Noé.	
	189 —	— Le baptême.	160
103	192 —	— Sommeil d'Ariane.	
	193 —	— La chèvre Amalthée.	140
	246 —	*Herman-Suanevelt.* Tobie et l'Ange.	
	247 —	— Riche paysage.	359
45	248 —	— Deux petits paysages.	
118	255 —	*Titien.* Repos en Egypte.	
	256 —	— Paysage.	82 50
113	—	*Greuze.* L'accordée de village.	965
112	—	— La Madeleine.	92 f.

128 — Jordaens. Le roi boit.
127 — — L'adoration des Rois.
129 — — Quatre figures.
124 — Van Huysum. Bouquet de fleurs.
270 — Paul Véronèse. Départ pour la terre sainte.
253 — Terburg. Jeune dame hollandaise.
237 — Rubens. La Cène.
238 — — Etude de lion.
239 — — Mariage de Henri IV et de Marie de Médicis.
164 — Ommegang. Moutons dans un paysage.
249 — Jean Steen. La crèche.
250 — — Le roi boit.
251 — — Le charlatan.
252 — — Etudes de petites figures.
258 — Vasari. L'ascension de la Vierge.
268 — Jean Van den Velde. Intérieur hollandais.
233 — Romeyn. Troupeau de vaches et chèvres.

3me VACATION. — *Jeudi 31 mars.*

TABLEAUX

Qui seront vendus à trois heures dans cette vacation.

1 — Andrea Rico de Candie. La Vierge et l'enfant Jésus.
2 — Delaroche (Paul). Galilée.
3 — Demarne. Marine.
4 — Hobbema. Paysage.
5 — Rubens. Sainte famille.
6 — Adrien Vanden Velde. Paysage.

DESSINS.

7. — *Nicolo dell' Abate.* Jupiter et Junon.
8. — *Albane.* Saint Joseph et l'enfant Jésus.
10. — *André del Sarte.* Etude de jeune homme.
9. — ——— Apparition de l'ange Gabriel à Zacharie.
39. — *Biscaino.* Repos en Egypte.
40. — *Boissieu.* Son portrait.
41. — ——— Vue d'après nature sur les bords du Rhône.
42. — ——— Etude d'un cheval, d'après Paul Potter.
46. — *Borsom.* Trois poules et un coq.
51. — *Louis Carrache.* L'adoration des mages.
52. — ——— Le Christ mort.
53. — *Annibal Carrache.* La communion de saint Jérôme.
54. — ——— Le Christ descendu de la Croix.
55. — ——— Le Christ mort.
56. — ——— Vision de saint François.
57. — ——— Les tonneliers.
58. — ——— Paysage. Etude.
59. — ——— Etude. Un homme et une femme.
76. — *Van der Does.* Troupeau de moutons et de chèvres.
77. — ——— Troupeau de moutons et de béliers.

n° cuyp vache 153

85 — C. Dusart. Intérieur rustique.
151
86 — — Estaminet.
52
87 — — La femme barbier. *48*
64 — A. Cuyp. Vue d'une campagne. *45 — 80*
185
65 — — Vue d'une rivière.
281
95 — Everdingen. Site de la Norwége.
123 — Hugtemburg. Le manége.
154 — Vander Meer. Passage au gué.
1620
25 — Berghem. Le passage du bac.
1190
26 — — Etude de mouton.
27 — — Paysage.
471
28 — — Le joueur de cornemuse.
29 — — Le pâtre.
70 70
30 — — Deux cochons.
31 — — Deux ânes.
90
32 — — Le gué.
95
33 — — Les trois dessinateurs.
47 — Jean Both. Paysage.
48 — — Paysage.
49 — — Paysage.
212 — Rembrandt. Suite de l'histoire de Joseph. Dix dessins.
211 — — Etude à la sanguine pour la descente de croix.
210 — — Calvaire.
213 — — La mère de Rembrandt.
214 — — René de Descartes.
215 — — Le médecin.
216 — — La femme de Rembrandt.
217 — — Tête de vieillard.
218 — — Vieillard assis.
219 — — Vieillard vu à mi-corps.

220 — *Rembrandt.* Un patriarche.
221 — — Un vieillard coiffé à l'oriental.
43 — *F. Bol.* Le sacrifice de Gédéon.
44 — — Galilée.
46 — — Portrait de G. Dow.
222 — *Rembrandt.* Un jeune garçon.
223 — — Vieillard à grande barbe.
224 — — La Nourrice.
225 — — Lion couché.
226 — — Lion couché.
227 — — Cabane de pêcheur.
228 — — Vue d'un canal de Hollande.
229 — — Paysage.
238 — — Vue d'une ancienne église.

4ᵐᵉ VACATION. — *Vendredi 1ᵉʳ avril.*

DESSINS.

122 — *Guide.* Quatre Amours.
130 — *Josepin.* Mariage de sainte Catherine.
137 — *Jean Kobell.* Vache pie au pâturage.
138 — — Vue d'un pâturage.
141 — *Langendyk.* La porte d'une auberge.
142 — *Lantara.* Paysage : effet d'orage.
143 — — Le château fort.
151 — *Luini.* Tête de femme.
119 — *Guerchin.* Une femme et son enfant.
114 — — Mardochée.
115 — — Repos en Egypte.
116 — — La Vierge et l'enfant Jésus.
117 — — La Vierge et l'enfant Jésus.
118 — — La Charité.

120 — *Guerchin.* Paysage.
121 — ——— Les Bohémiens.
155 — *Quitin Metsys.* Etudes de têtes.
148 — *Lucas de Leyde.* Son portrait.
149 — ——— Le retour de l'enfant prodigue.
150 — ——— Quatre personnages vus à mi-corps.
157 — *Michel Ange.* Le Père éternel.
158 — ——— Deux études de figures.
159 — ——— Etude de sainte famille.
160 — ——— Croquis à la sanguine.
166 — *Adrien Van Ostade.* Les joueurs de trictrac.
167 — ——— Estaminet flamand.
168 — ——— Paysan tuant un cochon.
169 — ——— Intérieur d'une chambre hollandaise.
170 — ——— Même composition.
171 — ——— Paysan assis.
172 — ——— Cinq paysans assis autour d'une table.
173 — ——— Un fumeur, vu de face.
174 — ——— Chaumière hollandaise.
175 — *Isaac Van Ostade.* Intérieur d'une étable.
144 — *Léonard de Vinci.* Portrait du duc de Nemours.
198 — *Paul Potter.* Deux vaches dans un paysage.
199 — ——— Etude de cheval.
200 — ——— Etude de vache.
134 — *Jules Romain.* Enlèvement de Proserpine.
131 — ——— Seleucus.
132 — ——— Constantin auquel on amène des prisonniers.
133 — ——— Décébale.

271 — *C. Visscher*. La fricasseuse.
272 —   »   Portrait d'homme.
273 —   »   La mère de Visscher.
274 —   »   La jeune flamande.
145 — *Lievens*. Portrait d'homme.
146 —   »   Pèlerins d'Emmaüs.
240 — *Ruisdaël*. Vue d'un village de Hollande.
241 —   »   Vue de l'entrée d'un village de Hollande.
242 —   »   Les deux chênes.
205 — *Raphaël*. Tête de Vierge, étude à la plume.
206 —   »   Etude pour une sainte famille.
207 —   »   Etude d'homme nus.
208 —   »   Etude de tête de jeune homme.
209 —   »   Couronnement de Charlemagne.
259 — *Guillaume Van den Velde*. Marine.
260 —   »   Flotte en rade.
261 —   »   Marine.
262 —   »   Vue de mer.
263 — *Adrien Van den Velde*. L'apparition aux bergers.
164 —   »   Mercure endormant Argus.
265 —   »   Etude de vache, dirigée à droite.
266 —   »   Etude de vache, dirigée à gauche.
267 —   »   Feuille d'étude à la sanguine.
161 — *F. Mieris*. Son portrait.
165 — *Orsi de Norellara*. Femme avec enfant.
139 — *Koning*. Vue des environs d'une ville forte.

140 — *Koning*. Vue d'Amsterdam.
181 — *Perino del Vaga*. Echelle de Jacob.
182 — ——— La Vierge et l'enfant Jésus.
147 — *Ligozzi*. La bénédiction de Jacob.
183 — ——— La résurrection de Lazare.
184 — ——— Les augures.

5ᵐᵉ VACATION. — *Samedi 2 avril.*

201 — *Primatice*. Figures de mythologie.
24 — *Beham*. Lucrèce.
80 — *Donatello*. Les disciples au tombeau du Christ.
94 — *Elsheymer*. Une promenade.
96 — *Fra-Bartolomeo*. La Vierge et deux saints personnages.
97 — ——— Tête de jeune garçon.
135 — *Karel Dujardin*. Fabrique italienne.
136 — ——— Paysage.
152 — *Mallet*. Le lever à l'italienne.
156 — *Metzu*. La faiseuse de beignets.
197 — *Pordenon*. Miniature sur vélin.
234 — *Roncalli*. Une balance avec une tête de mort.
236 — *Rosso*. Dessin de gibecière.
244 — *Salviati*. Etude de trois figures.
269 — *C. Vernet*. Passage du mont Saint-Bernard.
61 — *M. Charlet*. Les deux curés.
73 — *Dietricy*. Jésus guérissant les lépreux.
74 — ——— Jésus mis au sépulcre.
75 — ——— Halte de cavaliers.
78 — *Dominiquin*. Judith montrant la tête d'Holopherne.
79 — ——— Saint Jean.

81 — *Doomer*. Paysage.
82 — *G. Dow*. Une cuisinière.
88 — *Van Dyck*. La flagellation.
89 — ——— Saint Augustin.
90 — ——— Portrait de de Vael.
91 — ——— Portrait de Montfort.
92 — *Van Eeckout*. La visitation.
93 — ——— Paysage.
106 — *Géricault*. L'étalon arabe.
107 — *Girodet*. La mort d'Annibal.
108 — ——— Télémaque.
109 — ——— La peinture.
110 — ——— Etude pour la mort de Phèdre.
111 — ——— Etude de deux figures.
202 — *Prud'hon*. Le séjour de l'immortalité.
203 — ——— La justice divine.
204 — ——— Apothéose de Racine.
235 — *H. Roos*. Les bohémiens.
11 — *Backhuysen*. Paysage.
12 — ——— Le coup de vent.
13 — ——— Flotte à la voile.
14 — ——— Vue d'une ville de Hollande.
20 — *Brauwer*. Intérieur d'une chaumière.
23 — *C. Bega*. Les joueurs de trictrac.
50 — *Bramer*. Vue d'une porte d'une ville maritime.
84 — *Albert Durer*. Le mariage de sainte Catherine.
34 — *Jean Bellin*. La Vierge sur son trône.
15 — *Baccio Bandinelli*. La mort d'Abel.
16 — ——— L'entrée dans l'arche.
17 — ——— Le ravissement.
18 — ——— Etudes de figures.
19 — ——— Etude de femmes.

62 — *Le Corrège*. Hébé.
63 — ——— Tête de jeune garçon.
66 — *David*. Andromaque.
67 — — La mort des fils de Brutus.
68 — — Etude pour la mort de Socrate.
69 — — Etude pour les Sabines.
70 — — Etude pour le Léonidas.
71 — — Etude pour le Léonidas.
72 — — Etude académique.
281 — *F. Zuccaro*. Cérémonie sur la place St-Marc.
279 — *Taddeo Zuccaro*. Jésus guérissant les malades.
280 — ——— Baptême de Constantin.

ERRATA DU CATALOGUE.

A l'avant-propos, à l'article tableaux, à la seconde ligne, au lieu de : une *esquisse* de Rubens ; lisez : *sainte famille* de Rubens.

A la page 70, à la fin de l'article 205, au lieu de : il a été *lithographié ;* lisez : il a été *gravé*.

A la page 72, à la fin de l'article 212, au lieu de : que nous joignons *au dessin ;* lisez : que nous joignons *aux dessins*.

Paris. — Imprimerie et Lithographie de Maulde et Renou, rue Bailleul, 9 et 11, 1765

www.ingramcontent.com/pod-product-compliance
Lightning Source LLC
Chambersburg PA
CBHW070158230526
45471CB00002B/713